KB163705

볼프의 중국 형상과 오리엔탈리즘의 재구성

독일 계몽주의의
유학적 기초

차례
Contents

목적과 범위: 오리엔탈리즘의 재발견

오리엔탈리즘의 재구성

일반적으로 21세기는 문화를 포괄하는 '문명 시대'로 통칭된다. 20세기 말 몰타(Malta) 체제로 대변되는 탈냉전 시대의 개막은 이념 대립에서 탈피된 새로운 패러다임을 요청했다. 그에 따라 각 분야의 동서 학자들은 '범세계 문명의 상호 소통과 협력'이라는 시대정신에 부응해 인류의 공분모적 복합체인 '문명'이라는 분석 단위를 통해 인류 세계의 현주소와 미래를 통찰하고자 다양한 노력들을 기울여왔다. 예컨대, 헌팅턴(Samuel P. Huntington)의 충돌론, 뮐러(Harald Müller)의 공존론, 리프킨(Jeremy Rifkin)의 공감론, 뚜웨이밍(杜維明)의 대화론, 정수일(鄭守一)의 교류론, 박이문(朴異汶)의 포스트 과학기술문명론, 최근의 생태문명론 등이 대표적인 예다.

그러나 이러한 '문명대안론'이 시대적 정합성과 완결성을 획득하기 위해서는 무엇보다도 동양과 서양을 차별적 별개의 존재로 규정하는 이항 대립적 유럽문명우월주의에 대한 비판적 공론이 선행되어야 한다. 이러한 논의는 근대 서구화로 인해 왜곡되고 단절된 동양의 복권을 의미하는 것이기도 하다. 왜냐하면 지난 19~20세기 200여 년 동안 세계를 석권해온 서구인들의 이분법적 인식 체계 '서구중심주의(West-centrism)'는 실제로 유럽 기독교 문명이 주도하는 단선적 진보 이데올로기를 앞세워 타문명의 고유성과 전통성을 위압하거나 압살해왔기 때문이다.

서구중심주의란 '동'과 '서'라는 본질적인 분열 구도 속에서 동양을 타자로 해 서양의 타고난 우월성을 강조하는 세계관을 말한다. 이는 '서구예외주의(Western exceptionalism)'와 '오리엔탈리즘(Orientalism)'으로 구성된다. 이 양자는 동시적으로 진행되었으나 서구예외주의가 근대 초에 서구인들이 서구 문명에 대해 구성한 자화상이라고 한다면, 오리엔탈리즘은 서구인들이 서구라는 거울을 통해 왜곡되게 구성한 비서구 문명의 상을 지칭한다.

먼저 서구예외주의는 서구 문명이 특수적이고 예외적이라는 주장인데, 서구 문명의 독특성, 자생성, 항구성을 명제로 한다. 가령, 존스(E. L. Jones)가 『유럽의 기적(The European Miracle)』에서 취한 기술방식이 그 대표적인 경우로, 서구를 제외한 세계 어디에서도 그처럼 합리적·독창적·진보적·근대적인 문명은 발전하지 못했다는 것이다. 또 오리엔탈리즘에는 "뒤떨어지고 열등한 동양이라는 상상의 타아를 부정적으로 정의하는 우월한 서양적 자아의 고정적인 심상이 깔려 있다(존M. 홉슨, 2005, 26)."

이러한 고압적인 '서구문명중심주의'는 현재 복수문명론의 강세로 점차 설득력을 잃어가고 있다. 특히 서구인들의 왜곡된 '타자상'과 관련된 비판적 연구 수행은 1978년 에드워드 사이드(Edward W. Said)의 저작 『오리엔탈리즘(Orientalism)』에서 본격화되었다. 사이드에게서 '오리엔탈리즘'이란 동양에 대한 서양의 표상이 지식의 권위적 양식을 타자에게 강요한 것, 즉 "동양을 지배하고 재구성하며 위압하기 위한 서양의 스타일(에드워드 사이드, 1998, 16)"로서 서구 제국주의 담론이 창조해낸 구성물에 불과하다. 이 이론은 샤오메이 천(陳小眉)의 지적대로 "그것이 소개된 이래로 몇 년 사이에 서양 문화와 비서양 문화 간의 상관관계에 대한 하나의 모델로서 서양 학계에서 거의 패러다임적인 지위를 획득했다(샤오메이 천, 2001, 9)."

그럼에도 불구하고 사이드의 타자론은 21세기 현재 문명 중심주의적 제반 숙주 조건이 변화된 상황에서 범인류적 문명교류사를 분석해내고 설명하는 데는 일정 부분 한계를 드러내고 있다. 클라크(J. J. Clarke)는 이 관점에서 사이드가 오리엔탈리즘 개념을 "서구의 자유주의를 강력하게 비판하기 위한 토대로 사용하면서 침울한 색조로 채색했다(J. J. 클라크, 2004, 19)"고 비판한다. 오리엔탈리즘을 자신에게 복종하는 타자를 구성하고 통제하는 서구제국주의의 지배서사로 규정함으로써 본의상의 중립적 의미를 잃은, 고도의 문제 제기적인 오염된 용어로 사용했다는 것이다.

더욱이 사이드의 오리엔탈리즘이 갖는 한계는 그가 설정한 지리적 경계와 분석의 대상이 르네상스 이후 근현대로 한정되어 있어 주로 중동인 이슬람 문명권에 국한되었다는 점이다(정진농, 2004, 25~27). 동시에 영국과 프랑스, 미국에 의한 식민지 지배를 배경으로 삼아 당시에 수많은 서구의 문학 작품과 문헌을 분석함으로써 '무슬림 오리엔트'를 구체화하고, 동양에 대한 서구의 '부정적 타자상'을 공론화하는 데 맞춰져 있다.

이러한 비판적 시각에는 사이드의 오리엔탈리즘 개념이 푸코(Michel Foucault)의 지식·권력 이론을 원용하고 있다는 점에서 푸코와 사이드의 사상 간에 존재하는 본질적인 차이에 대한 문제 인식이 내재되어 있다. 우타 리브만 샤우브(Uta Liebmann Schaub)는 "푸코의 경우 관변 담론의 권력 이면에 저항 담론의 출현을 허용하지만, 사이드는 서양의 지배를 지지하는 것이 아니라 타파하는, 그리고 서양 팽창주의에 반대하는 동양에 관한 서양의 담론을 무시한다(Uta Liebmann Schaub, 1989, 308)"고 꼬집는다.

또 이은정은 "푸코의 담론 분석은 지배적인 주류 담론뿐만 아니라 그에 반해 부상하는 대항 담론에 대한 분석도 포함하고 있다. 반면 사이드의 경우, 오리엔트에 관한 서구의 담론에서 서구의 팽창주의를 거부 비판하며 서구의 헤게모니를 옹호하지 않는 시각은 전혀 논의의 대상으로 삼지 않는다(이은정, 2008, 196)"고 지적한다.

이러한 관점들은 최근 활발하게 전개되고 있는, 곧 서양의 고유한 지배 양식과 지배 담론으로서의 사이드식 단선적 논리의 한계를 넘어서려는 일군의 '포스트오리엔탈리즘' 연구와도 상통한다. 포스트오리엔탈리즘은 사이드의 견해를 수용하면서도 동서 문명을 대등한 상호작용으로 바라보고 오리엔탈리즘을 보다 창의적이고 다양한 관점으로 접근하고자 한다.[1] 이처럼 오리엔탈리즘을 다원적이고 복합적인 성격으로 재규정하기 위해서는 오리엔탈리즘의 혼성적인 입장을 견지하면서 그 부정적 측면의 반대편에 존재하는 '긍정적 역할'에 대한 연구를 활성화시켜야 한다.

이러한 점에서 아더 버스루이스(Arthur Versluis)가 사이드의 견해를 '부정적 오리엔탈리즘(negative Orientalism)'으로 한정하고, 아시아의 종교나 문화를 가치 있고 영원한 진리를 반영하는 것으로 보는 '긍정적 오리엔탈리즘(positive Orientalism)'을 제시한 것은 고무적이다(Arthur Versluis, 1993).

클라크 역시 사이드의 견해에 기본적으로 동조하면서 '동서양의 권력과 지배'라는 표면적인 관계만으로는 온전히 설명할 수 없는, 더 풍부하고 '긍정적인 오리엔탈리즘'의 복원을 목표로 했다. 그는 식민지적 권력과 결합된 요소들의 중요성을 받아들임과 동시에 정치·도덕·종교적 영역에서 '서구의 자기비판과 자기갱신을 위한 대리인'으로 사용되었다는 사실에 주목한다. 이를테면 오리엔탈리즘을 좀 더 창조적이고 개방된 텍스트로 파악해 서로 참조하며 유사성과 유비성, 그리고 풍부한 모델들을 발견하는 생산적이고 해석학적인 관계들의 토대가 되는 개념적 구조의 틀로 받아들인 것이다(J. J. 클라크, 2004, 19·47).

이와 함께 역설적이고 혁신적인 샤오메이 천의 '옥시덴탈리즘(Occidentalism)' 이론을 통해 동서양 지적 교류의 상호교차·다층적 차원에서 오리엔탈리즘의 함의를 더욱 확장·

보완해볼 수 있다. 샤오메이 천은 간-문명(inter-civilization) 연구에 획기적이고 새로운 이론적 틀인 옥시덴탈리즘 이론을 제시해 서양이 제국주의적 목적을 위해 동양을 타자화했다면 동양 역시 자신의 정치·문화적 목적에 부합하게 서양을 타자로 설정했던 역사적 사실을 검증한다.

좀 더 자세하게 논의하자면, 마오쩌둥 이후 중국 사회 내의 다양하고 경쟁적 집단들에 의해 서양을 날조·조작하고 이용해온 옥시덴탈리즘의 드라마를 매개로 중국의 현대 문화 현상들을 생생하게 분석해냈다. 그럼으로써 동서 관계에서 사이드가 오리엔탈리즘에서 행한 논의의 상대적 일면성을 수정하고, 동서 쌍방향적 문화 관계를 다양한 관점에서 이해하고자 했다.

그런데 샤오메이 천이 주장하는 동양의 옥시덴탈리즘은 '억압'의 담론인 동시에 '해방'의 담론이라는 이중성을 갖는다. 즉, 현대 중국의 정치·문화적 옥시덴탈리즘은 "두 가지 상호 관련되면서도 분리된 담론 행위, 혹은 동일한 담론의 현저하게 다른 정치적 목적을 위한 서로 다른 두 가지 방식의 전유로 간주될 수 있다(샤오메이 천, 2001, 13)"는 것이다. 샤오메이 천은 이러한 문화 현상을 '관변 옥시덴탈리즘(official Occidentalism)'과 '반관변 옥시덴탈리즘(anti-official Occidentalism)'으로 명명한다.

'관변 옥시덴탈리즘'은 중국 정부가 서양의 본질주의화를 자국 국민에 대한 '내적 억압' 기능을 수행하는 민족주의를 지탱하기 위한 수단으로 이용하는 경우를 지칭한다. 여기서 서양이라는 타자는 서양에 대한 우위를 확보하기 위해서뿐만 아니라 자국 내에서의 중국적 자아를 교화시키고 궁극적으로는 지배하기 위해 중국의 상상력에 의해 연역된 것이다. 그러나 중국 옥시덴탈리즘이 관변적인 용도에만 국한된 것은 아니다. 샤오메이 천의 접근법이 사이드의 패러다임에서 영감을 받은 다른 탈식민주의자들의 방식과 구별되는 점은 바로 '반관변 옥시덴탈리즘' 개념이다.

샤오메이 천에 따르면 "사이드의 주장은 이미 주어진 것으로서의 비서양 문화를 지배하는 관변의 문화적 헤게모니에 맞서 싸우기 위해 옥시덴탈리즘을 사용하는 동양 사회 내에서의 반관변 담론의 가능성을 허용하지 않는다. 그러한 가능성이 허용되는 경우, 서양이라는 타자는 적어도 이론적으로 이데올로기적 억압의 토착적 형태에 저항하는 정치적 해방의 은유가 된다(앞의 책, 18~19)"고 했다.

이렇게 볼 때 '반관변 옥시덴탈리즘'은 타자인 서양을 전체주의 사회의 이데올로기적인 억압에 저항하는 일종의 정치적 해방에 대한 은유로 이용하는 강력한 저항 담론이다. 그리고 그것을 주도하는 집단은 국가, 당 기구 등 지배 권력에 반대하는 다양하고도 상호 모순적인 이해관계를 가진 비판적인 지식인들이다.

이상의 '포스트오리엔탈리즘' 논의를 정리해보면, 오리엔탈리즘을 단순히 동양에 대한 서양의 지배와 권력 행사를 위한 담론으로만 관찰하는 사이드식의 단선적이고 획일적인 논리 해석은 수정의 국면을 맞고 있다. 더욱이 문명사의 시공간적 고려 없이 식민주의적 구조, 제국주의적 팽창과 연결시켜 정치·사회·문화·지적인 동일성을 관통하는 하나의 단일 담론으로 이해하는 방식은 지양되어야 한다. 아울러 동양에 대한 서양의 타자 형상을 보다 체계적이고 다원적인 의미로 확대하는 진전된 연구 노력이 절실해 보인다.

이에 앞서 검토한 학자들의 다각적인 이론들을 융합·통합해 오리엔탈리즘 개념을 창의적으로 재조정하고자 한다. 먼저 동서 여러 학자들의 의견대로 오리엔탈리즘을 '부정적 오리엔탈리즘'과 '긍정적 오리엔탈리즘'의 일체양면으로 설명하는 것이 본래적 의미에 더 가까울 것으로 판단한다. 또 이 양대 범주 속에서 샤오메이 천의 '관변적 억압'과 '반관변적 저항' 이론을 접목시켜 오리엔탈리즘을 다층적 함의로 확장할 필요가 있다.

본래 오리엔탈리즘이란 동양에 대한 서양의 타자상을 규정하는 용어다. 이렇게 볼 때, 부정적 오리엔탈리즘이 서양의 타자상을 지배와 착취를 목적으로 한 억압적 이미지로 도용한 것이라면, 긍정적 오리엔탈리즘은 그와 반대로 저항하고 교류하는 해방적 내지 호혜적 이미지로 표출한 것이다. 이 논점을 재차 문명 내부의 담론과 문명 사이의 담론으로 확대해보면 '4분적 층위'의 오리엔탈리즘 개념을 도출해낼 수 있다.

부정적 타자상이 문명 내부에서 작동할 경우, 동양은 기존의 토착 문화나 지배 권력의 순정성에 대비되는 위협적인 이단적 특질의 담지자로 날조되어 궁극적으로 자국민을 통제하고 반대 세력을 탄압하는 '내적 억압'의 도구로 이용된다. 부정적 타자상이 문명 외부로 작동할 경우, 동양은 열등한 계몽의 대상으로 표상되어 비서구에 대한 서구의 제국주의 침탈과 식민주의 지배를 정당화하는 '외적 억압'의 종속 형상으로 그려진다.

반면 긍정적 타자상이 문명 내부로 향할 경우, 동양은 자문명을 점검하고 혁신하는 이상적 표상이나 저항의 은유로 '내적 해방'의 기능을 수행한다. 긍정적 타자상이 문명 외부로 향할 경우, 동양은 강권 문명의 제국주의적 팽창이나 지배 이데올로기를 억제하는 '외적 해방' 기능 내지는 타문명에 공감하고 그 다양한 문화적 가치와 모델 들을 공유하고자 하는 '호혜적 교류 형상'으로 제시된다. 이렇게 오리엔탈

리즘의 교차·다원적 정의가 전제되어야만 현 세기의 시대정
신으로 폭발된 각종 문화와 문명 대안론이 보다 창조적이고
균형적인 발전을 이룰 수 있을 거라 기대한다.

이 책은 사이드의 오리엔탈리즘에 조응함과 동시에 그 한
계를 극복하기 위해 계획되었다. 시공간적으로는 18세기 유
럽 계몽기의 서구가 중국과 관계해온 '긍정적 오리엔탈리즘'
에 대한 역사적 고증을 시도해보고자 한다. 그리고 그 학적
체계를 편의상 '계몽주의 동아시아학'으로 명명하고자 한다.

논의의 목적과 범위

이 책은 기본적으로 현대 문명의 강권 이데올로기 비판
담론으로서 '반서구중심주의'라는 거대 문맥 속에 위치한
다. 다시 말해, 동양을 대극적인 타자로 인식해 동양과의 평
등 관계를 거부하는 서구중심주의를 극복하기 위해 기획된
것이다. 나아가 상호주체적 평등 관계를 기초로 한 '다중심
적 공존주의 문명관'을 담보하기 위한 연구의 일환이기도 하
다. 접근 방법은 서구중심주의의 한 축인 '오리엔탈리즘의
비판적 재구성'이라는 과제와 직결된다. 여기서는 이 명제에
대한 문화철학적 대안 모색이라는 차원에서 중국 '유학'이
18세기 유럽의 계몽사조 형성에 미친 영향을 중심으로 고찰

해보고자 한다.

　구체적인 논의는 독일 계몽철학의 선구자 크리스티안 볼프(Christian Wolf)와 1721년 할레(Halle) 대학의 연설을 둘러싸고 벌어진 일대 역사 사건을 통해 이루어질 것이다. 볼프는 근대 계몽기 동서 간-문명 지성사에 있어 라이프니츠(Gottfried Wilhelm Leibniz)와 더불어 중요한 역할을 한 철학자다. 동시에 그의 연설은 "계몽시대 초기의 유럽에서 유교를 긍정적으로 수용하고자 했던 정신적 움직임의 분수령에 해당(이은정, 2008, 197)"한다. 이를테면 유럽인들의 이방 세계 중국에 대한 긍정 혹은 부정의 양가적 타자상은 계몽의 순교자로 불리는 볼프의 「중국인의 실천철학에 관한 연설(Oratio de Sinarum philosophia practica)」을 기점으로 발발된 일련의 유럽 찬반 논쟁에서 역사적 논거를 발견할 수 있다.

　최초로 공자(孔子)와 유교를 발견한 유럽인들로 알려진 예수회 선교사들은 16세기부터 중국에 진출한 바 있다. 그리고 이들을 매개로 중국의 '유학 인문주의'가 유럽에 소개되었다. 더욱이 그에 대한 무신론·유물론적 인식 문제로 폭발된 전례 논쟁(1645~1742)은 당시 서구 계몽사조 형성기에 공자와 유학을 유럽 담론장의 중심에 위치시켰다. 이 논단은 "역설적으로 예수회 선교사들의 유교에 대한 해석은 유럽의 합리주의와 세속주의가 성장하는 데 부분적으로나마 공헌

했다(줄리아 칭, 1993, 39)"는 이해 방식을 포괄한다.

그런데 중국적 세계관이 근대 유럽 사상계를 자극했던 문화철학적 조응을 이해하기 위해서는 무엇보다도 서구 문명의 '기층 인자'를 읽어내는 데서부터 논의를 시작해야 한다.[2] 왜냐하면 문명권 간의 교류에 있어 타자에 대한 투사는 수용자의 토착적인 문화 심리와 역사 상황뿐만 아니라 간-문명적 '문화 인자'의 역학 관계를 강하게 반영하기 때문이다. 유럽 문명은 크게 보아 '그리스·로마적 세계관(Hellenism)'과 '유대·기독교적 세계관(Hebraism)'의 상호 충돌과 융합이라는 문화 헤게모니 속에서 발전하고 전개되었다.

헬레니즘은 내재적 '인간' 중심의 합리주의·세속적 정신을 서양인에게 심어주었다. 서양인은 소크라테스, 플라톤, 아리스토텔레스와 같은 사상가들을 통해 합리주의, 평등주의, 자유주의의 근거가 되는 기초 이념들을 전수받았으며 인간 개체의 중요성과 외면적인 정치적 자유의 정신을 승계했다. 그리스적 고전에 의하면 인간은 누구나 '이성'을 가지고 태어났으므로 평등하다. 뿐만 아니라 사회의 모든 문제들을 스스로 해결할 수 있는 자율적 존재다(임희완, 2008, 25~27).

그에 반해 헤브라이즘은 초월적 '신' 중심의 종교적 정신을 서양인에게 심어주었다. 이 범주에는 구약의 토라(Torah, 모세5경)를 공통분모로 한다는 점에서 유대교, 기독교, 이슬

람교가 모두 포함된다. 서양인은 『성경』을 통해 신인계약사상, 예정론, 선민사상, 종말사상과 같은 이념을 전수받았으며, 인간 개체의 중요성과 내면적 도덕적 자유의 정신을 이어받았다. 『성경』에 의하면 인간은 하나님의 형상대로 태어난 하나님의 자녀이므로 선악을 분별하는 능력을 가진 존재인 동시에 하나님의 명령에 순복해야 하는 존재다(앞의 책, 같은 쪽).

여하튼 이 두 세계관은 서양에 주지주의(Intellectualism)적 '이성(ratio)'과 주의주의(Voluntarism)적 '신앙(fides)'이라는 문화 인자를 발아시켜 유럽의 중세 종교 문화와 근대 철학 문화를 형성시켰다. 유럽의 중세와 근대의 경계 읽기는 통상이 '믿는다는 것(信)'과 '안다는 것(知)'의 '통일'과 '분리' 문제로 정리할 수 있다. 이 양대 문화 인자의 상호 모순과 투쟁은 중세와 근대의 사상사를 관통하는 줄기로서 중세가 그리스 이성 문화에 대한 기독교 신앙 문화의 승리라면, 근대는 그에 대한 역전을 의미한다. 특히 근대 지향적 시각에서 볼 때, 이 양자는 유럽 문명의 신학 보수주의와 계몽 진보주의를 지탱하는 핵심 축이라고 할 수 있다. 뿐만 아니라 이것은 그들의 억압과 해방의 은유적 타자상을 음각하는 문화소로서 중국 인문주의를 유럽으로 불러들이는 격의적 촉매 역할을 했다.

사실 중세 초기 교부들은 피스티스(pistis: 신앙, 약속, 헌신)와 그노시스(gnosis: 깨달음, 인식, 지식)의 조화와 결합이라는 과제에 투신해 왔다. 서구의 중세 사회는 기독교 신앙의 확고한 논증을 위해 그리스 이성 자원을 수단으로 삼는, 그야말로 헬레니즘 문화에 대한 헤브라이즘 문화의 우위 시대라고 할 수 있다. 이 독특한 형태의 중세 신앙 문화는 결국 13세기 이해를 탐구하는 믿음이라는 신앙과 이성의 통합, 즉 '토마스(Thomas)적 종합'으로 대변되는 방대한 스콜라철학 체계로 완결되었다.[3] 물론 결합의 목적은 이성을 신의 존재 증명과 그 신앙을 위한 수단으로 보는, 곧 이성의 방법으로 계시적 진리를 해석하고 증명하는 데 있었다. 이는 목자·사제형 권력[4]의 메커니즘을 구축해 16~17세기 유럽의 국가 형태를 성립시키는 데도 중요한 역할을 했다.

  그러던 것이 신앙과 이성의 분리를 자명의 원리로 여겼던 갈릴레이(Galileo Galilei), 베이컨(Francis Bacon), 데카르트(René Descartes) 등의 근대 사상가들이 출현함에 따라 이 양자의 통일은 점차 균열되어 스콜라철학은 마침내 붕괴·해체되기에 이른다. 인간은 이제 신의 은총이나 계시에 의탁하지 않고 자신의 고유한 능력만으로도 진리에 도달할 수 있다는 철저한 이성의 세속화로 나아갔다. 그야말로 이성은 신앙의 지반에서 벗어나 완전한 독립성을 획득한 것이다.

이러한 신학 파괴적 흐름은 18세기 근대 시민 지식인이 주도한 반종교·반봉건적 계몽주의 사상에서 가장 선명하게 수렴되었다. 즉, 종교 신앙에 대한 철학 이성의 이탈은 17세기 과학 혁명으로 인해 더욱 가속화되어 18세기 서구 이성주의의 결정체인 '계몽주의(Enlightenment)'로 폭발된 것이다. 근대 계몽사상은 인간 이성의 자기 고유 탐구 영역을 확보하는 자기 충족·완결적 도그마 위에서 성립되었다고 할 수 있다. 이로써 계몽사상가들은 이성과 이성 국가를 고양시켜 '이성의 빛'으로 신학 관념에 기초한 모든 봉건 특권과 불평등한 사회 현상을 타파하고, 정치적 민주와 자유, 평등의 근대 시민사회를 실현하고자 했다.

그러나 신앙과 이성의 분리는 기독교의 그리스화에 반대해 이성의 영역으로부터 신앙의 순수성을 수호한다는 명목으로 스콜라학 내부에서도 동시적으로 준비되었다. 한사코 신앙을 지성으로 파악했던 토마스의 입장에서 벗어나 이해를 탐구하지 않는 믿음이라는 '의지'의 차원에서 해석하는 방식이 그것이다. 이 경향은 둔스 스코투스(John Duns Scotus)로부터 인정되고, 윌리엄 오컴(William of Ockham)에 의해 더욱 강화되었으며, 종교 개혁자 마틴 루터(Martin Luther)에 이르러 명백한 형태로 드러났다.

특히 루터는 이성을 현세적 탐구 영역에 국한시켜 철저히 세속화하는가 하면, 신앙에 대한 주의주의(主意主義)적 해석을 명확히 해 신앙과 이성의 분리를 기정사실화했다. 이것은 루터 종교개혁의 근대적 혁명성을 포괄함은 물론 그를 최초의 근대인으로 추숭하는 중요한 논거 중 하나다.[5] 그러나 루터의 분리 선언은 애초에 신앙으로부터 이성의 해방이나 독립을 위한 것이 아니었다. 그것은 이성의 월권으로부터 신앙의 성소를 지키기 위한 지극히 종교 수구적인 목적에서 이루어졌다. 요컨대 "신앙과 이성의 분리가 본래는 신앙의 순수성에 그 중점을 두고 수행된 것이지만, 근대사상에 있어서는 이성의 측면으로 중점이 옮겨갔던 것은 부정할 수 없다(이나가끼 뇨수께, 1980, 14)."

사회학자 막스 베버(Max Weber)는 근대화를 '이성'이 이끄는 세계의 탈마법화(disenchantment: 탈신화화, 탈주술화)의 과정으로 이해한다. 이성화로 표방되는 근대성은 데카르트 이후 합리주의의 대두 과정과 궤를 같이한다. 동시에 중세 가톨릭 교회의 권위와 '신' 중심의 세계관으로부터 탈피해 보편적인 인간 해방이라는 서구의 제반 문화 변동기를 포함한다. 그 핵심은 르네상스, 부르주아 시민 계급의 부상, 국민 국가의 형성, 근대 과학 혁명, 프로테스탄티즘에 의한 초월자를 품에 안은 주체적 개인의 탄생 등이다.

계몽적 근대인은 세계를 설명하는 데 더 이상 신비롭고

불가측한 힘에 의존하지 않고, 세계의 계산 가능성이라는 수학·과학적 합리성과 지성을 사용한다. 나아가 "인간 이성과 이의 무한한 발전 가능성에 대한 절대적 믿음을 산출한다(이진우, 1993, 15)." 단적인 예로 인간의 삶과 행위를 규정하는 절대적 근거가 인간 외면의 '신'에게 있는 것이 아니라 인간 내면에 선험적으로 존재하는 인식 능력, 곧 '이성'에 있다는 인간의 자기 발견과 가치의 절대화를 들 수 있다(전홍석, 2012, 163). 이렇게 자신만의 독자적 영역을 획득한 이성은 근대 서구의 문화 변혁기와 맞물려 계몽 운동의 사상적 투쟁으로 극대화되어 급기야 비종교적인 '중국 인문주의'와 만난다.

서구의 중세 종교 문화와 비교할 때, 중국 문명은 신본 신앙이 아닌 인본 이성을 바탕으로 하고 있고, 유교의 성립 기반이기도 한 '예(禮)'가 신성한 존재로서 신의 자리를 대신하는 '도덕인문주의' 문화로 평가된다. 탕쥔이(唐君毅)가 "서양 문화의 핵심은 과학과 종교에 있고, 중국 문화의 핵심은 도덕과 예술에 있다(唐君毅, 2005, 『人文精神之重建(一)』, 61)"고 한 의미가 여기에 있다. 중국은 은(殷)과 주(周) 시기에 자연 종교 신앙에서 '인문 윤리 신앙'으로의 전환을 겪었고, 이후 춘추(春秋) 시대에 공자가 출현해 원시 종교에서 세속 윤리로의 이행을 촉진시킴으로써 고도의 인문주의 정신을 뿌리내리게 했다.

특히 후대 송명(宋明) 이학(理學)은 유학 인문주의에 있어 "유가의 윤리강상과 도덕명교는 수용하되, 본체인 리(理)를 의지와 인격이 있는 천(天)과 혼동하지 않고 초자연적인 신의 신앙을 부정하는(張立文, 1987, 668)" 등 '가치 이성'의 최정점을 이루는 철학 체계다. 이런 점에서 천라이(陳來)는 "이학은 중세의 정신을 벗어버린 아근대(亞近代)의 문화 표현이며, 사회 변천으로서의 근세화에 적응·조화하면서 탄생한 문화적 전환의 일부분이므로 마땅히 근세화라는 범주 안에서 적극적으로 긍정되고 이해되어야 한다(진래, 2006, 45)"고 주장한다.

이와 관련해 주첸즈(朱謙之)는 중국 문명을 유형상 '본질적 지식'이 두드러진 철학 문화로 분류한다. 이 지식의 특징은 시대별로 인식을 달리해 "송유 때는 리, 명유 때는 심(心), 청유 때는 인(仁)이라 했으며 '리'가 천리, 이성, 우주론적 생명관이라는 생각은 18세기 유럽의 철학 시대에 영향을 미쳤다(朱謙之, 2002, 348)"고 말한다. 실제로 근대 유럽 계몽주의자들은 신의 계시와 그 신앙에 의존하는 봉건적 신학 관념 사회에 반대해 당시 가톨릭의 중국 선교사들이 소개한 유학 사상 중에서 계몽 운동의 이념과 부합되는 요소들을 찾아내어 유럽 사회에 치열하게 전파했다. 황태연의 표현을 빌리자면 "종교적 몽매를 해소시킨 서구 문화의 세속화는 동아시아 철학과 문화의 결정적 도움을 받은 18세기 계몽주의의 철학적 투쟁을 거쳐서야 비로소 점진적으로 달성되었다(황태연, 2011, 491)."

이처럼 중국 문명은 중세 종교 신학과 봉건 전제에 맞서는 서구 이성주의 전통의 지원군인 셈이었다. 공자와 유교는 말 그대로 유럽 계몽 시대 진보 지식인들의 관심의 중심에 놓여 있었다. 이는 문명권 간의 상호교섭에 있어 긍정적 타자상의 의미군을 넓혀주는 좋은 사례라고 할 수 있다.

이 책에서는 '오리엔탈리즘' 범주의 재조정과 확장된 논리 속에서 18세기 초 루터교 경건주의(Pietism)와 첨예하게 대립했던 볼프의 계몽사상, 그리고 그의 중국 형상에 투영된 저항의 은유와 오독을 분석해 중국의 '유교적 세계관'이 독일 계몽주의 형성에 미친 영향을 논의해보고자 한다.

또 그 연장선상에서 볼프로부터 요한 유스티(Johann Heinrich Gottlob von Justi), 헤겔(Hegel)로 이어지는 양호(養護)·복지국가론과 유교 인정론(仁政論)적 국가철학의 영향 관계를 동서 계몽군주의 '신민(臣民) 행복주의' 차원에서 추적할 것이다. 이 작업은 현대 '복지국가(welfare state)' 개념의 유교 양민(養民)·교민(教民) 국가론적 기원과 관련된다. 뿐만 아니라 동아시아의 전체 역사를 관통하는 '예제(禮制) 문화', 곧 천하가 한 가정이고 온 나라 안이 한 몸[6]이라는 중국 전통 국가관의 유럽적 이식이라는 점에서도 중요하다.

　이러한 논의와 연구는 18세기 '계몽주의 동아시아학' 구축이라는 거시적 구도 속에서 1721년 볼프의 연설문인 「중국인의 실천철학에 관한 연설」을 토대로 이루어질 것이다. 또 자료 분석은 오리엔탈리즘이 동양에 대한 서양의 타자상임을 감안해 특정한 저작물 속의 이국(異國) 형상을 분석하는 비교 문화철학의 '형상학(Imagologie)'적 방법을 취하고자 한다.[7] 이 형상학적 방법과 관련해 부정적 오리엔탈리즘 범주의 '억압적 타자상'과 긍정적 오리엔탈리즘 범주의 '저항적 타자상'은 문명 내부의 담론 측면에서 독일의 초기 계몽주의를 대변하는 볼프의 '중국 형상'을 규명하는 데 전체적인 이론 모형이 되어줄 것이다.

볼프의 유학 연구와 연설

계몽사상과 유학 연구

17~18세기 유럽 계몽기는 중세 봉건 사회의 기반인 교회 신권 지배 체제가 해체되는 유럽 문명의 문화·사상적 대전환기라고 할 수 있다. 그 원인이 되었던 서구 계몽주의는 본격적인 시민사회의 도래를 표방하면서 르네상스와 데카르트의 합리주의, 근대 자연과학, 로크(J. Locke)와 흄(D. Hume) 등의 경험철학을 토대로 형성되었다. 이 흐름은 인간의 이성과 지식, 경험을 바탕으로 세계를 이해하고, 무지와 몽매를 계발시켜 인류의 보편적 진보를 꾀하려는 합리주의적 사고

경향을 말한다.

독일 계몽주의는 이 거대한 근대적 문맥 속에서 라이프니츠로부터 발원해 18세기 초 토마지우스(Christian Thomasius)와 볼프에게서 본격화되었고, 칸트(Immanuel Kant)를 거치면서 완성되었다. 그러나 독일의 경우 "과학혁명에 근거한 무신론적이고 유물론적인 경향을 띠는 영국이나 프랑스의 계몽주의와는 달리 종교적이고 윤리적인 근본사고에 자연과학적 발견과 이에 상응한 철학적 사고를 종합하고자 하는 방향(이성덕, 2008, 61)"으로 전개되었다. 이렇게 된 데는 라이프니츠의 영향이 크며, 훗날 독일 특유의 관념론이 발생하는 배경이 되기도 한다.

이러한 시대적 배경 속에서 독일 계몽 사조의 개창자인 크리스티안 볼프는 프로이센의 브레슬라우(Breslau)에서 태어났다. 원래 장인(匠人)이었던 아버지의 희망에 따라 목사가 되고자 신학을 공부했지만, 나중에는 생각을 바꾸어 수학, 철학, 법학 등을 전공했다. 그는 예나 대학에서 수학하는가 하면 1703년에는 라이프치히 대학에서 교수 자격을 얻기도 했다. 볼프의 방대한 학적 체계는 라이프니츠와 칸트의 가교자로서 1790년까지 독일 사상계를 지배했다. 볼프는 라이프니츠사상을 하나의 확고한 철학 체계로 총괄시킴은 물론 칸트철학의 성립에도 결정적인 역할을 했다.

특히 볼프는 1704년에 처음으로 스승 라이프니츠와 통신 왕래를 시작해 주로 수학과 철학 문제에 관해 토론했다. 이후 라이프니츠의 추천으로 1707년 할레 대학의 수학 교수가 되어 물리학과 철학을 함께 강의했다. 볼프는 라이프니츠의 영향 속에서 이성적 능력을 굳게 믿어 추리적 사고를 즐겨 사용했으며 '이성적인 사고(Vernünfftige Gedancken)'를 통해 엄밀한 학으로서의 철학을 정리하고자 했다.

볼프는 라이프니츠가 "단편으로 남겨둔 창조적 고안물들을 온전한 학적 체계로 정리함과 동시에 엄밀한 학으로서의 철학을 처음으로 표방(김수배, 1999, 16)"하여 형식·이성화의 체계가 되게 했다. 그는 라이프니츠의 우주조화관을 계승함과 동시에 우주관 자체가 안고 있는 '무한미적분학'의 매우 복잡한 다원적 유형을 데카르트의 명석판명(明晳判明)한 '기하학'적이고 더욱 '이성'에 부합된 체계 유형으로 변화시켰다(秦家懿, 1999, 15). 또 그는 라이프니츠처럼 유신론자로서 이 방면의 논증을 시도해 이 세계는 '신'이 창조한 가장 조화롭고 아름다운 존재로서 계속해서 '신'의 보호와 가르침을 받아야 한다고 생각했다.

그러나 부분적으로는 데카르트의 이론으로 라이프니츠 철학을 해석했던 까닭에 모나드론(monadology)은 받아들이지 않았다. 모나드론이 스콜라철학과 데카르트철학이 모두 중시하는 정신과 신체의 구별에 위배될 뿐만 아니라 그 구별을 뛰어넘는 모나드는 이성화의 명석판명한 문맥으로 표현할 수 없기 때문이었다. 다만 볼프는 라이프니츠의 '단순실체론'은 받아들여 정신은 하나의 단순실체이고, 신체는 몇 개의 실체가 공동 조직한 것으로 인식했다. 그리고 정신과 신체 사이의 관계를 라이프니츠의 '예정조화설'로 해석할 것을 건의했다. 그리고 이러한 생각을 소학과 대학으로 나뉘는 중국 고대의 이원제 교육을 통해 실증하려고 했다(앞의 책, 18).

볼프는 라이프니츠와 마찬가지로 전체 지식을 통찰하려는 큰 꿈을 가졌기 때문에 그의 학문 체계는 방대해 당시 존재했던 거의 모든 학문 분야를 망라했다. 독일 학문 발전에 크게 기여한 볼프철학 체계의 본질은 다름 아닌 '합리론'과 '수학방법론'이다. 그의 학문은 "독일의 계몽주의 합리성의 정점을 표현하는 논증·연역·수학적 방법으로 그 시대의 모든 학문적 주제를 설명하는 하나의 완전한 이론 체계(황태연, 2011, 527)"라고 할 수 있다.[8]

이 보편학의 희망은 전체 학문을 통섭하는 총체적 체계화에 기초를 세우는 것이었다. 볼프는 그 실마리를 수학적 논증의 도입에서 찾았다. 이 수학적 방법을 철학 일반에 수용해 "기하학적 방법(mos geometricus)을 줄곧 학문의 보편적 방법으로 간주했다(김수배, 2001, 161)." 이러한 노력은 그가 소년 시절에 수학자들이 사용한 수학적 논증을 철학에 응용하고자 했던 데서 비롯된다(Christian Wolff, 1992, 「The Practical Philosophy of the Chinese」, 145).[9] 그리고 이론의 확대와 발전 과정에서 라이프니츠를 만난 것이다.

볼프는 라이프니츠와의 학문적 조우 속에서 전방위적 철학 체계를 구축함은 물론, 매 철학 분과에 상세하게 정의를 내렸다. 나아가 수학적 방법과 심리학적 논리학에서 출발해 자연과학, 논리학, 철학, 형이상학, 윤리학, 정치학, 자연법학, 국제법학 등의 전체 학문 영역을 자신이 세운 체계 속에 포괄시켰다.

그럼에도 불구하고 볼프철학은 1980년대에 재평가가 이루어질 때까지 새로운 독창성이 부재하다는 이유로 라이프니츠와 동급으로 취급되지 못했다. 그것은 대부분 라이프니츠에게서 연원한 것으로, 철학을 완전히 형식화하고 공허화해 사상적으로는 그리 깊지 못하다는 평가가 일반적이었다. 현재까지도 볼프는 라이프니츠에서 출발해 순수한 합리적인 체계를 수립하기 위해 라이프니츠의 내면적 생기를 잃게 했다고 저평가되곤 한다.

심지어 볼프는 "칸트에게 철학의 기본 개념들뿐만 아니라 근본 문제와 취급 방식까지 제공했으면서도 그로부터 정당한 대우를 받지 못했다(김수배, 1999, 14)." 칸트는 부정적인 입장에서 그를 이성적 독단론의 대표자로 보았다. 버트런드 러셀(Bertrand Russell) 역시 "라이프니츠의 제자 볼프는 칸트의 『순수이성비판(Kritik der reinen Vernunft)』이 출판되기 전까지 독일의 강단철학을 지배하는 데 라이프니츠의 철학에서 가장 흥미로운 부분은 버려둔 채 무미건조한 직업적 사고방식을 고수했다(버트런드 러셀, 2009, 764)"고 비판한다.

그러나 실제로 볼프는 영국과 프랑스의 계몽주의, 라이프니츠와 데카르트의 합리적 사고방식을 응용해 독자적인 철학을 구축했다. 더구나 볼프철학은 당시 러시아를 포함한 유럽에서 독보적인 위치를 차지했을 뿐만 아니라, 프랑스 계몽주의의 금자탑 '백과전서'의 탄생 역시 볼프와 그의 제자들에게 크게 빚지고 있다. 그리고 볼프의 최대 공적은 "독일철학을 주체적인 철학으로 만드는 바탕은 물론, 철학을 신학으로부터 분리시켜 독자적인 학문으로 발전시키는 토대를 마련했다(안종수, 1991, 282~283)는 데 있다.

어떤 의미에서 철학이란 일종의 자아의식의 각성이고, 그 자아의식은 자신의 언어로 표출되지 않는 한 발전을 기대할 수 없는 것이다. 이와 관련해 볼프에게서 주목되는 점은 라틴어가 지배하던 대학에서 모국어인 독일어로 철학서를 쓴 최초의 인물이라는 사실이다. 그는 대학에서의 강의 역시 토마지우스에 이어 독일어로 진행한 것으로 유명하다. 그때만 하더라도 독일어는 아직 철학적 언어로 상용되지 못한 시기였고, 라이프니츠를 포함한 대부분의 독일 지식인들은 라틴어나 프랑스어로 자신의 사상을 표현하고 있었다.

이런 점에서 볼프의 선구적인 실천은 독일철학사에 있어 매우 획기적인 의미를 지닌다. 왜냐하면 그가 독일인에게 자국어를 통한 철학적 사유와 모국어 철학 개념의 산출을 독려함으로써 순수 독일철학의 구축과 주체성 확립의 기반이 조성되었기 때문이다. 또 이러한 성과는 철학을 독일 전체로 좀 더 용이하게 확산시키는 데도 기여해 독일인의 철학적 이성 교육에 상당한 효과를 거두게 했다. 그야말로 철학은 볼프로 인해 "독일 이성의 한 부분이 된 것(樓宇烈·張西平, 1999, 353)"이다. 이는 볼프의 또 다른 측면의 학문적 업적이라 할 수 있다.

한편 라이프니츠의 중국 문화관은 당대 독일의 많은 학자들에게 상당한 반향을 일으켰다. 그중에서도 볼프와 프랑케(A. H. Francke)가 대표적인 인물이다. 이들은 모두 라이프니츠의 영향을 받아 중국의 사상과 문화를 강력히 제창하고 나섰다.

프랑케는 1692년 할레 대학에서 동방 언어를 강의하는가 하면, 1707년에는 할레에 동방신학원을 설립해 중국철학

분과를 설치하는 등의 활동력을 보인다. 라이프니츠는 이러한 프랑케를 베를린 왕립아카데미의 회원으로 임명하는 등 자신의 교육선교 계획을 실행하는 데 프랑케 슈티프퉁(Die Franckeschen Stiftungen)이 가장 적당한 기관이라고까지 높이 평가했다. 그러나 이 둘의 관계는 계시와 신앙을 강조하는 프랑케가 라이프니츠의 학문을 통한 선교 방식에 대해 회의적인 태도를 취함으로써 근본적으로는 지속될 수 없었다.[10]

이에 반해 볼프는 스승 라이프니츠의 심안, 즉 중서 문화교류의 세계주의적 시각 속에서 중국 문화를 이해하고 받아들였다. 더 나아가 중국철학과 공자사상을 완전한 독일어를 통해 대학의 일반 지식층 등에 극히 대중적으로 선전하고 보급하는 데 공헌했다. 외국어로 된 라이프니츠 글의 영향이 상대적으로 소수의 학자나 정치가에 한정되었던 것에 비하면 볼프는 라이프니츠의 한계를 뛰어넘었다고 할 수 있다. 그럼에도 불구하고 볼프는 라이프니츠의 충실한 계승자로서 그의 철학을 체계화해 더욱 발양시켰기 때문에 통상 그들을 가리켜 '라이프니츠-볼프 철학'이라고 부른다.

독일 계몽주의의 대표 증인인 볼프가 정확하게 언제부터 중국에 흥미를 가졌는지는 확실치 않다. 다만 라이프니츠의 영향과 1709년 할레 대학에서 철학 강의를 시작한 시기를 전후로 해서 중국의 실천철학에 경도된 것으로 보인다. 여기

서 말한 중국의 실천철학이란 중국 예수회 선교사들에 의해
번역·소개된 중국 유교 경전 속의 '원시유학'을 가리킨다.
이는 대부분 합리주의적 성향이 강한 송명 이학자들에 의해
정리되고 해석된 것들이다. 볼프가 유교와 공자철학에 대해
지성주의적 시각을 견지하게 된 것은 어떤 면에서 이 번역
서들과 무관하지 않다.

이처럼 라이프니츠와 볼프 모두 중국유학을 찬미하고 연
구했다는 점에서는 동일하지만, 라이프니츠가 주로 '송대 이
학'에 관심을 가졌다면 볼프는 '원시유학'에 더 관심을 기울
였다. 볼프의 중국에 대한 인식은 라이프니츠의 자연 신학적
시각을 윤리학적 관점으로 전환시킨 것이다. 그는 중국 문화
속에는 계시신앙이나 자연종교는 존재하지 않는다고 주장
함으로써 중국에 대한 라이프니츠와의 인식 차이를 분명하
게 드러냈다. 그가 주로 경주한 것은 중국의 자연신학이 아
닌, 고대의 공자와 유학의 정치·도덕 철학이었다.

유럽인의 중국에 관한 지식은 16~18세기 중국 문명과 서
구 문명의 교류 속에서 큰 걸음을 내딛을 수 있었다. 말 그
대로 "유서 깊은 유럽의 동양학 계보에 새로운 학문인 '중국
학'이 형성되기 시작한 것이다(張西平, 2009, 4)." 이 시기 중
국과 서양의 지적 연결망을 구성한 주역은 예수회원을 대표
로 하는 '중국 선교사'들이었다. 이들은 단순한 복음주의자

를 넘어 "르네상스 휴머니즘의 이상을 폭넓게 흡수하고, 고도로 교육받은 문화인"이기도 했다(J. J. 클라크, 2004, 65).

서양의 입장에서 말하면, 중국 선교사들은 유럽 본토의 초기 중국학에 대한 지식의 제공자이자 중요한 저작자라고 할 수 있다. 중국에서 유럽으로 되돌아온 선교사들은 잠시도 멈추지 않고 집필했다. 그들의 작품과 중국에서 서구어로 쓴 중국학 작품은 유럽 초기 중국 지식의 근원을 구성했다. 이 일련의 지식과 기록, 그리고 번역물은 유럽 본토에서 중국을 연구하는 최초의 세속적 중국학자들을 충족시켜 주었다(張西平, 2009, 5). 볼프의 중국철학 이해의 직접 경로 역시 이들 중국 선교사를 매개로 이루어졌다. 구체적으로는 노엘(Français Noël), 웨이팡지(衛方濟), 쿠플레(Phillippe Couplet), 바이잉리(柏應理)의 번역서를 통해서였다.

볼프는 노엘의 저작을 통해 본격적으로 중국에 대한 지식을 넓힐 수 있었다. 여기서 노엘의 저작이란 중국과 인도의 수학, 물리학에 대한 소개, 이후 중국 경서의 번역문이 포함된다. 볼프는 노엘을 가리켜 "그는 박식하고 덕망이 높은 인사로 중국에서 20여 년을 넘게 생활했고, 중국 경서를 숙독했다(Christian Wolff, 1992, 「The Practical Philosophy of the Chinese」, 172)"고 소개하면서 그의 역저에 대해 "중국 전교구가 성립된 이후 100여 년 동안 수많은 사람들이 시도했지만,

아직도 이루지 못한 작업이다(앞의 책, 175)"라고 높이 평가했다. 그는 라이프니츠가 창간한 「학안(學案, Acta Eruditorium)」이라는 학술지에 1712년 노엘의 저서 『중화제국경전(Sinensis imperii libri classici sex)』에 관한 서평을 발표한 바도 있었다.

노엘은 1684년부터 1708년까지 중국에서 예수회 선교사로 활동하다가 유럽에 돌아와 프라하에서 살면서 몇 권의 저술을 발표했다. 그중에서 『중화제국경전』과 『중국철학(Philosophia Sinica)』이란 저서가 유명한데, 두 책 모두 1711년 프라하에서 출판되었다. 『중화제국경전』은 중국의 사서, 『효경』 『소학』의 중요한 부분을 발췌해 번역한 라틴문 번역서다.[11] 『중국철학』 역시 중국의 저명한 철학자의 학설들을 발췌·번역한 것이다.[12] 이 두 저작은 볼프가 중국의 '원시유학'과 그 '실천철학'을 이해하는 데 깊은 영향을 미쳤다.

볼프와 관련된 또 하나의 중요한 문헌은 『중국 철학자 공자(Confucius Sinarum Philosophus)』라는 저작이다. 이 책은 루이 14세의 칙령을 받들어 선교사 네 명이 라틴어로 번역한 것이다. 주요 역자는 쿠플레인데, 이 책에는 『대학』 『중용』 『논어』 『역경』의 팔괘(八卦)가 망라됨은 물론, 부록으로 「중국철학해설」 「중국연대기」 등이 수록되어 있다. 이 책은 18세기 중국 문화가 유럽에 미친 영향과 그에 따른 유럽사상의 변천을 이해하는 데 필수적인 문헌으로 평가된다.

『중국 철학자 공자』가 출판되자 라이프니츠를 비롯한 유럽의 지식인들은 중국에 관심을 기울이기 시작했고, 공자는 도덕·정치·철학에 있어 위대한 선사, 학자, 예언가로 존경받게 되었다. 클라크는 "이 보고서와 번역서는 17세기 후반 유럽인들에게 널리 읽혔고, 그들의 정신에 지대한 영향을 미쳤다. 서양으로 유입된 동양의 관념은 계몽주의 시대의 이념 논쟁에 깊이 관여하게 되었고, 당시 주요 관념의 형성에 부분적으로 자주 영향을 미쳤다(J. J. 클라크, 2004, 65)"고 말했다.

어쨌든 볼프의 연설문이 1726년 공간되면서 그가 인용한 중국 고서는 접근하기 쉽다는 이유로 예전 노엘의 역문에서 쿠플레의 번역본으로 교체된다(Christian Wolff, 1992, 「The Practical Philosophy of the Chinese」, 148). 이로 볼 때, 볼프 역시 1721~1726년 사이에 이 책을 읽은 것으로 추측한다.

연설과 양가 형상

18세기 초 계몽기에 구교와 신교 간의 갈등으로 빚어진 30년 전쟁(1618~1648)과 그 종결을 선언한 베스트팔렌조약(1648)의 여파로 독일은 지방분권적 연방국가 체제로 분할되어 당시 중앙집권적 근대국가를 형성하고 있던 영국과 프랑스에 비해 정치·경제적인 면에서 상대적으로 낙후된 상태였다. 그리고 영국과 프랑스에서는 인문주의적 전통과 자연과학의 새로운 성과를 흡수해 봉건 전제와 종교 신학에 반대하는 자연신론(Deism), 유물론, 무신론과 같은 계몽주의적 흐름이 종교계와 사상계를 주도하고 있었다.

이에 반해 독일은 봉건제가 완고하고 시민 계급의 성장이 활발하지 못해 이성 시대를 주창하는 계몽주의보다는 여전히 신앙에 바탕을 둔 신학 보수적 루터교(Lutheranism) 종파가 전 사회를 견고하게 지배하고 있었다. 이렇다 보니 독일의 시민 계급은 개인의 관념적 문필 세계를 넘어 부조리한 중세 사회의 개혁을 위한 적극적인 현실 투쟁으로까지 나아가지는 못했다. 더욱이 서유럽이 이성과 계시를 극명하게 구분한 것과는 반대로 독일 계몽주의는 이 양자의 상호 조화와 보완을 견지했다는 점에서 '신학적 계몽주의' 성격을 띤다.

'경건주의'와 '계몽주의'라는 이 두 흐름은 독일 근대 사회가 시작되는 출발점이라고 할 수 있다. 근대사상의 명확한 도그마인 신앙과 이성의 분리는 이들 모두에게 기정사실로 받아들여진 명제다. 그러나 '계몽주의'가 이성을 강조해 전통적인 교리와 기존 질서에 이성의 기준을 적용시켜 철저히 세속화의 길로 나아간 것과는 달리 '루터주의'는 근대적인 혁명성에도 불구하고 신앙의 순화에 주안점을 두어 신학 보수적 관념이 강화되는 면모를 보인다.[13]

루터에 의하면, 인간의 구원은 오직 신앙과 신의 은총에 의해서만 이룰 수 있고 신앙의 근거는 성서다. 그는 중세 말기 독일 신비주의의 영향을 깊게 받아 신을 인간의 이성이 미치지 못하는 불가사의한 존재로 인식했다. 그러므로 신앙은 비이성적인 경건한 믿음과 진실한 참회의 심처에 자리해 "오직 그 내재적 체험이나 심령의 감명, 신비적 직관과 경건한 정감을 통해서만 신의 사랑에 도달할 수 있다(田薇, 2001, 187~188)."

이로 볼 때, 경건주의를 포괄하는 루터주의의 일련의 종교혁신 운동은 실상 '헤브라이즘'에 지반을 둔 유럽 신앙 문화의 변주곡에 지나지 않는다. 이러한 루터의 신학 보수적 성향은 18세기 전반 전성기를 누린 영적갱신 운동으로서의 루터교 '경건주의'에서 더욱 현저히 드러난다.

그런데 독일인의 대내적 중첩 오리엔탈리즘 이면에는 유럽 문명의 신앙주의와 이성주의라는 복잡한 얼개가 자리한다. 이 시기 중국의 유학 인문주의가 독일에 전해졌을 때 독일 지식인들에게 표상된 중국 형상은 두 방향에서 파악된다. 프로이센 할레 대학에서 볼프의 연설을 중심으로 첨예하게 대치했던 루터교 경건주의자들에 의한 부정적 측면의 '억압적 타자상'이 그 한 축이라면, 볼프로 대변되는 계몽주의자들에 의한 긍정적 측면의 '저항적 타자상'이 그 반대축이다.

할레 대학을 본거지로 독일의 새로운 종교 헤게모니를 장악한 경건주의자들은 중국을 선교나 교화가 필요한 조악한 이교도의 세계로 규정하고, 유럽의 신성 문화 수호와 그 반대 세력의 제압을 위한 수구적 억압 형상으로 타자화했다. 가령 경건파 교도 요하임 랑에(Joachim Lange)가 신학적 도그마를 전제로 "자신이 무신론자로 여기는 사람들을 찬미하는 볼프의 행위는 그가 도덕과 종교를 위협하는 인물임을 증명해준다(Larrimore, M., 2000, 190)"고 무고한 사실은 눈여겨볼 만하다.[14)]

그에 반해 볼프는 중국을 이성 세계의 전범으로 파악해 독일의 신본주의 문화 비판과 그 혁신을 위한 강력한 저항의 은유로 표출시켰다. 볼프를 위시한 계몽주의자들은 신앙 지향적인 경건주의와 반대로 과학·철학적 영역으로 넘어온 이성의 독자성을 적극 선양하고 "이성과 과학적인 세계관에 근거해 전통적인 성서 해석과 정통적인 교리 자체를 문제시(이성덕, 2008, 53)"함으로써 잘못된 종교 신학의 정신적 속박을 제거하고자 했다.

이러한 입장 차이는 급기야 할레 대학의 연설 사건으로 비화되기에 이른다. 볼프는 1721년 7월, 경건주의 교파의 아성인 할레 대학의 순번제 총장직무대행을 퇴임하면서 프랑케의 추종자인 후임 랑에를 위해 축사로 「중국인의 실천철학에 관한 연설」을 한다. "이 연설에서 볼프는 공자의 실천철학을 합리주의적으로 해석하고, 신학자들을 고려한 논리적 안전장치를 전제로 깔면서 이성적 본성의 힘만으로도 놀라운 도덕적 행위가 가능하다는 것을 공자의 개인적 덕행과 그 철학을 통해 논증했다(황태연, 2011, 530~531)."

이를테면 라이프니츠가 윤리학과 정치학의 관점에서 설명한 바 있는 중국의 실천철학을 찬미하면서 이것은 희미한 신 관념의 무신론에 가까우며, 인간의 이성과 자연 유형에 근거한다고 역설했다. 그리고 볼프는 유학을 통해 이상적인 정부 형태를 만들 수 있고, 기독교 없이도 도덕을 갖출 수 있다는 생각을 굳혔다. 아울러 중국을 찬양해 "그것(고대 중국 지혜의 원리)은 나 자신의 원리와 일치한다(Christian Wolff, 1992, 「The Practical Philosophy of the Chinese」, 183)"고까지 주장했다.

이러한 볼프의 행동은 당시 경건파 인물들이 주도하던 할레 대학에 큰 파문을 야기했다. 경건주의자 랑에, 프랑케 등은 중국철학에 대한 볼프의 발표가 무신론을 조장했다고 맹렬하게 비난했다. 결국 이 연설은 불행히도 그가 할레 대학과 프로이센에서 추방되는 직접적인 계기가 되고 만다. 볼프의 연설을 중심으로 전개된 이 일련의 이념 투쟁은 "타자에 대한 이미지는 그것을 보는 사람 각자의 정치·사회적 이해

관계의 맥락에서 만들어진다(이은정, 2008, 197)"는 말을 반영한다.

사실 경건주의 교파는 독일의 슈페너(P. J. Spener)와 프랑케에 의해 크게 발전되었으며, 시기적으로는 1690~1740년에 절정에 달해 루터교 내의 정통주의(Orthodoxy)와 계몽주의 사이의 중간 지점에 위치한다. 경건주의자들은 종교전쟁과 종파주의 시대를 거치면서 스콜라적 체계로 굳어버린 교조적 정통주의의 교리 중심적인 사변 신학을 거부하고, 루터 등이 증험한 내면적인 계시를 사람마다 마음속에서 체험하길 원했으며, 성서 연구를 통한 개인의 경건한 신앙과 생활을 중시했다. 아울러 "추상적인 신학적 논쟁과 루터파 교회의 계서제에 실망해 개인의 양심과 우위에 대한 종교개혁 당시의 믿음을 재확인하고자 했다(이영림·주경철·최갑수, 2011, 385)."

이런 면에서 경건주의는 신앙 정체성(경건성) 위기의식에서 출발한 '제2의 종교개혁'으로 일컬어진다. 다만 이들은 정통주의의 "교리 자체를 거부한 것은 아니고 이 교리가 마음으로 체험되지 않고, 실존적인 삶의 변화를 가져오지 않는다면 공허한 것이라고 본 것이다(이성덕, 2008, 53)." 이처럼 루터신학의 원의를 회복시켜 신앙을 우리 안의 기독교라는 영성, 회심, 중생 등의 주관적인 종교 체험으로 돌린 점은 분명히 진보적이다. 그러나 교리상 정통적 신앙에 충실한 나머지 보수적이고 신비적 경향이 강할 뿐만 아니라 새로운 학문이나 이질 문화에 반감을 품고 금욕 생활을 부활시키려고 했다는 점에서는 근대 문명의 반동적 운동으로 평가되기도 한다.

이처럼 이성적 명료성보다는 종교 영역의 영적 체험을 강조하는 경건주의 신학은 합리주의적 방법론을 전 학문 분야에 적용하려고 했던 볼프사상과는 애초부터 간극을 좁힐 수 없었다. 볼프는 이성과 신앙을 하나의 방식으로 규정하는 새로운 차원의 스콜라주의를 부활시키고자 했다. 그의 철학은 '개신교(Protestant) 스콜라주의'로 불리는 루터교 정통주의 시대의 반향이라고도 할 수 있다. 볼프는 데카르트, 라이프니츠로부터 수학·논리적인 추론 방법으로 진리를 발견하는 것이 모든 학문의 과제라는 생각을 이어받았다. 때문에 인간의 이성을 가장 우위에 놓고, 자연적 종교와 계시적 종교의 일치를 추구했으며 경건주의자들과 달리 의지의 개선보다는 이성의 개명을 더 중요시했다. 볼프에게 이성은 신적인 속성에 속하는 것으로, 신은 완전한 철학자이자 완전한 지성 그 자체였다. 이렇게 합리적인 사고의 법칙이 신성의 본질로 파악된 이상, 신적인 계시는 이성과 모순될 수 없었다(앞의 책, 65~66).

할레 대학 신학 교수들의 입장에서 볼 때, 볼프의 급진적

이성주의는 경건주의 신앙을 크게 위협했다. 더군다나 무신론적인 중국 문명에 대해 볼프의 찬동하는 듯한 발언은 해묵은 반대파들의 불만을 폭발시켜 공격의 빌미를 제공한 셈이었다. 급기야 그들은 볼프사상이 기독교 신학을 전복시키고 인간의 경건 실천에 악영향을 미친다고 공개적으로 비난하고 나섰다.

볼프가 이들 개신교 경건파 인사들과 화합할 수 없었던 데는 또 다른 이유가 있었다. 그것은 라이프니츠와 같은 입장에서 예수회의 중국 선교 노선을 옹호했기 때문이었다. 경건주의자들은 중국에서 유교와 그 전례를 용인하는 가톨릭 예수회의 선교 방식에 비판적인 태도를 취하고 있었다. 그런데 볼프는 중국인의 도덕성을 배워야 하고, 자신의 철학은 공자사상과 일치한다고 주장했다. 따라서 그들이 판단하기에 볼프의 철학은 무신론과 결정론임에 틀림없었다.

볼프에게서 "선과 악에 대한 인간의 지식은 초자연적인 원천에서 나오는 것이 아니라, 선과 악을 인식할 수 있는 능력인 이성으로부터 온 것이다. 따라서 계시 종교를 가지지 않는 이방 민족도 이성의 능력으로 올바른 도덕·정치적 규범을 가질 수 있다. 무신론적인 민족의 도덕을 자신의 것과 동일한 것으로 보는 볼프의 입장은 경건주의자들에 의해 곧바로 무신론적인 것으로 낙인찍히게 되었다(앞의 책, 68)."[15]

할레 대학의 경건파 교수들은 당시 프로이센의 국왕 프리드리히 빌헬름 1세에게 볼프철학에 대한 진정서를 올렸다. 완고한 빌헬름 1세는 왕실에 볼프사상검토위원회를 구성해 그의 학설을 심사하도록 지시했다. 결국 국왕은 내각 결의를 통해 1723년 11월 8일, 볼프에게 48시간 이내에 프로이센을 떠나지 않으면 교수형에 처할 것이라는 추방령을 단행했다.

볼프는 할레 대학을 떠나 헤센-카셀(Hessen-Kassel)의 마르부르크(Marburg) 대학 교수로 초빙되어 강의를 계속하게 된다. 여기서의 그의 삶과 학술은 더없이 영광되었고, 큰 성공을 거둔다. 그리고 볼프의 연설문은 1722년 볼프를 지지하던 예수회에 의해 로마에서 출판되었다가 다시 저자의 동의도 없이 1725년 「트레부(Trévoux)」에 예수회원들의 주석이 첨가된 채 나왔다. 여기에 격분한 볼프는 1726년에 프랑크푸르트에서 자신의 글에 자세한 주석을 달아 최종적으로 출판한다(Christian Wolff, 1992, 『The Practical Philosophy of the Chinese』, 147). 그러나 이듬해인 1727년, 프로이센의 모든 대학에서 볼프철학 강의가 전면 금지됨에 따라 이 책 역시 판매금지를 당했다.

중국과 관련된 볼프의 연설은 1721년 이후 한 차례 더 있었다. 1730년 가을, 비교적 자유로운 마르부르크 대학에서 열린 〈통치하는 철학자와 철인왕(De rege philosophante et philosopho regante)〉이 그것이다. 볼프는 이 강연에서 중국과 관련해 주로 논리학과 정치학 방면의 주장들을 펼쳤다. 그러나 그가 취한 중국 자료는 1721년 강연과 별반 다르지 않았고, 그에 따른 어떠한 분란도 발생되지 않았다.

한편 볼프가 프로이센을 떠난 이후에도 할레에서의 강연과 추방의 정당성에 대한 찬반 논쟁은 지속되었다.[16] 그리고 볼프는 학정과 박해를 받은 이성의 대의를 위한 순교자 또는 진리를 추구하는 진정한 학술계의 자유투사로 전 유럽에 알려졌다. 여론은 들끓었고, 볼프의 철학은 뜨거운 화두가 되어 그가 할레 대학에서 쫓겨난 지 불과 10년 사이에 학계와 시대의 중심에 서게 되었다.

유럽 곳곳에서 그를 동정하는 논의가 끊이지 않자, 빌헬름 1세는 여론에 떠밀려 1736년 볼프철학을 재심사하게 하고, 마침내 복권시키기에 이른다. 나아가 볼프의 학술을 아끼고 찬미하던 명군주 프리드리히 대제(Friedrich II)가 빌헬름 1세의 뒤를 이어 왕위에 오르자, 볼프는 1740년 법학 교수와 부총장으로 할레 대학에 복직했으며 궁중 고문과 베를린 학사원 직책도 함께 맡았다. 이어 1743년에 대학 총장으로 승격되었고, 1745년에는 신성 로마 제국의 남작 직함을 받는 영예를 누렸다.

그러나 최근 연구에 의하면 경건주의자들이 반드시 비이

성적인 것만은 아니며, 일면 학문과 종교가 서로 조화를 이룰 수 있다고 믿었지만 학술적이고 정치적인 투쟁으로 인해 종교적인 열광분자와 이성주의의 희생자로 지나치게 단순화시킨 면이 있다고 지적되기도 한다(데이비드 문젤로, 2009, 204).

여하튼 독일에서 볼프의 국외 추방 사건은 "독일의 계몽주의와 경건주의 사이의 투쟁의 결과(박상환, 2005, 43)"라는 피상적인 사실 말고도 매우 중요한 '문화철학'적 의미를 지닌다. 볼프가 프로이센에서 추방된 직접적인 계기는 중국인의 실천철학에 관한 연설이었지만, 실제로는 중국 유교 문명과 연관된 무신론적이고 이성론적인 라이프니츠-볼프 철학이 지극히 신앙적인 유럽의 신학자들과 빚은 충돌이었다.

구체적으로 보면, 볼프의 수난과 부활은 계몽주의의 태동, 흥기뿐만 아니라 그와 결부된 중국철학과의 관계를 극명하게 반영한다. 실제 유럽인들에게 "볼프의 합리주의적 오해를 통해서이긴 하지만, 중국인들의 실천은 자율적 이성에 대한 신뢰를 입증하는 것으로 받아들여졌고, 이런 까닭에 볼프의 연설은 독일 계몽주의의 신호탄이 되었다(황태연, 2011, 531~532).

이를 재차 문화철학적 관점에서 해석해보면, 중국의 '인본 문화'가 유럽의 '신본 문화'와 대결해 서구가 신학 수구적 사회로부터 탈피하고, 근대의 '이성·철학적 사회'로 이행하는 데 일대 자극을 준 것이다. 이처럼 독일 계몽기 할레 대학의 볼프 연설이 불러온 신학 수구파와 계몽 진보파의 제반 충돌 양상은 억압과 해방이라는 대극적 타자상이 독일 내부의 실질적 역사 상황 속에서 어떻게 투영되고 있는지를 여실히 보여주는 전거라고 할 수 있다.

볼프의 유교관과 복지국가론

저항의 은유 – 유교

    18세기 계몽기 유럽의 사회 구조는 중세적 가치와 근대적 가치가 혼재해 성직자와 귀족이 주도하는 계서제 신분적 질서와 평민 부르주아 시민이 주도하는 계급적 질서가 상호 교차하는 대조의 시대였다. 동시에 이때는 유럽의 '신앙 대 이성'이라는 양대 문화 기층 인자가 직조하는 문화 헤게모니적 관념 투쟁이 최고조에 달한 시기이기도 했다. 당시 진보적 계몽 지식인들은 봉건적 신학 관념 사회에 맞서 '신' 중심의 세계를 '인간' 중심의 세계로 대체하고자 다양한 노력을 기울였다.

볼프 역시 무한한 신의 전능은 존재하지 않으며, 신의 권능은 그 자신이 창조한 '자연법' 안에서만 행사될 수 있다는 입장을 견지했다. 그에게 이성은 자연법의 교사인 만큼 신은 완전한 이성체일 뿐이었다. 그런 측면에서 계몽주의자들이 "중국을 배우려 한 것은 신이 없는 세계의 모델이었다(장용수, 2007, 132)." 볼프는 서양 종교를 접하지 않고서도 "오히려 기독교가 성립하기 훨씬 이전부터 탁월한 실천철학을 발전시켜온 중국인들에게서 인간이 이성 능력의 힘만으로 이루어낼 수 있는 보편적 문화 업적의 훌륭한 예를 발견(김수배, 1999, 35)"했다.

실제로 볼프의 합리주의적 실천철학은 어떤 초월적 존재를 상정하지 않고 '인간의 본성'에 근거한다는 점에서 중국 유학과 친연성을 갖는다. 아울러 볼프의 자연성에 기초한 도덕 원리, 실천철학을 중시하는 경향, 의무를 권리보다 우선시하는 자연법설 등은 유교와의 공생 관계를 말해주는 대표적인 실례들이다.

이러한 볼프 류의 합리론적 자연법 윤리관은 경험론적 공리주의 윤리관과 대립하면서 18세기에 크게 성행했다. 자연법 학파는 근원적으로 합리주의에 뿌리를 두고 있기 때문에 볼프가 그랬듯이 주로 '수학적 방법'을 운용한다. 그들은 자연법을 선험적 원리인 산술과 기하학으로부터 발견된 필연적 진리로 인식해 그 가치는 감각에 의해 좌우될 수 없다고 말한다.

이와 함께 자연법은 이성의 산물로서 신의 뜻인 신정법(神定法)보다 우위에 있다고 주장한다. 이 자연법 학설은 신본주의에 대한 반동으로 일어난 르네상스 '인본주의'의 토양 위에서 성장했다. '신본주의'는 신이 도덕률을 창조했다고 보기 때문에 도덕률은 신의 의지를 기초로 삼는다. 예컨대 모세(Moses)의 십계명은 신이 계시한 대표적인 신정법이라고 할 수 있다. 이와 반대로 인본주의는 모든 인간에게는 자연이 부여한 빛, 곧 '이성'이 존재한다고 주장한다. 그리고 이성 자체에는 법칙이 내재하는데, 이른바 '자연법'이 그것이다.

때문에 자연법은 신본주의의 신이 만든 법칙을 배척하고 인위적 법칙, 자연적 법칙, 합리적 법칙을 옹호한다. 계몽주의 학자들은 자연법의 원리는 이성으로 파악되는 영원한 보편적 진리이므로 사회 제도가 확립되기 이전에도 이미 존재했으며, 그것은 절대 독립적이어서 결코 신의(神意)로도 바꿀 수 없다고 확신했다.

동일한 맥락에서 볼프의 자연법론은 '완전성(Perfection)' 실현을 인류의 의무로 보는 '의무' 중심의 자연법이라고 할 수 있다. 볼프에게 자연법은 자신을 완성해야 할 의무뿐만 아니라 타인의 완성을 도와야 할 의무도 함께 명시한다. 그리고 완전성 개념은 선악 판단의 기준이자 인류의 행복 개념과도 밀접한 관련을 맺고 있다. 볼프의 도덕 강령은 엄격하게 자신의 의무를 이행해 자신과 타인을 완성하지만, 그렇다고 해서 자신의 행복을 등한시하는 것은 아니다. 즉 "자신의 완성과 사회 대중의 완성 사이에는 하나의 연대 관계가 존재함은 물론, 자신의 행복과 사회 전체의 행복 사이에도 하나의 조화 체계를 갖는다(五來欣造, 1929, 486)."

이 관점은 수기치인(修己治人)을 핵심사상으로 하는, 즉 '의무' 관념이 지배적인 유교의 정치 원리와 일치한다.[17] 볼프는 이에 "중국인은 가장이 되기 전에 먼저 자신의 행동과 생활을 통제할 수 있어야 하고, 공공 정부에 등용되기 전에 자신의 가정을 잘 돌볼 수 있기를 요구한다. 나는 그들이 이렇게 생각하는 충분한 이유가 있다고 본다(Christian Wolff, 1992, 「The Practical Philosophy of the Chinese」, 176~177)"고 했다.

이렇게 볼 때, 볼프의 자연법 사상은 중국 도덕정치의 근간이 되는 유교의 예제 문화에 근접한다. 중국인들은 '예(禮)'를 "자연법칙이 인류 사회에 구현된 것(彭林, 2005, 4)"으로 이해했다. 볼프가 이성에 기초한 윤리적 의무를 자연법으로 파악했던 것처럼 중국인 역시 '예'를 윤리적 의무로 보고,

그것은 인간의 본성에서 발로된 것이라고 했다. 조셉 니담 (Joseph Needham)이 성왕(聖王)과 백성이 받아들여 온 습관의 집체인 유교의 '예'가 중국의 자연법이라고 말한 의미가 여기에 있다(조셉 니담, 1998, 236).

한편 중국 문명은 대체로 인간 중심의 사회 질서를 유지해왔으며, 서양처럼 그렇게 체계화된 종교 신학은 존재하지 않는다. 막스 베버의 근대화 이성주의 범주에 '가치 이성'도 포함됨은 이미 알려진 사실이다. 그러나 그것이 반드시 초월적 일신교를 통해서만 성립되는 것은 아니다. 중국이 대표적인 경우다. 고중세 중국 문화의 발전은 인문성과 인문 실천적 이성화의 방향으로 전개되었다.

중국의 이성화는 서주(西周) 문화로 거슬러 올라가며, 이 시기에 "이미 덕감 인자가 형성됨은 물론, 큰 전통 형태상에서 사물에 대한 도덕 평가가 유달리 중시되고 덕감 문화의 경향이 두드러졌다(陳來, 1996, 8)." 이 경향은 춘추시대 공자와 초기 유학의 세계관, 정치철학, 윤리덕성 등에서 더욱 선명히 드러났다. 특히 도덕 실천에 있어 이성적인 태도가 중요했으며, 외재적 우상의 광신은 부재했다. 모든 것은 평범한 생활에 근거하고, 이 평범한 생활에 대한 사고와 깨달음에 토대해 이상적인 인격에 도달하고자 했다.

이런 점에서 탕쿤이는 세계인류 인문사상의 주류는 서양

이 아니라 중국이라고 말한다. 그는 이 인문사상의 가장 이상적인 형태를 덕성 세계와 인격 세계를 추구하는 중국 공맹의 선진 유가로 보았다(唐君毅, 2005, 『中國人文精神之發展』, 1~45). 결국 "중국 문화의 이성화 발전과정, 가치 이성의 건립과정은 천신 신앙에 대한 점진적 희석과 인간성의 문화와 가치에 대한 관심이 증가된 것과 관련된다. 이것은 18세기 서구의 계몽이성 시대에 계몽 사상가들에게 뜨겁게 칭송받았던 근본 원인이기도 하다(陳來, 1996, 10)."

볼프의 실천철학 역시 당시 대세였던 유학 인문주의의 세례 속에 있었으며, 동시에 시민사회의 도덕·정치적 근거를 신학적 전제 없이 제공하고자 하는 유럽 계몽주의의 연장선상에 위치한다. 특히 자연법칙에 근거해 선을 지향하는 볼프의 본성론은 유교철학과 상통한다. 더구나 윤리의 목적인 선을 지향하는 인간의 완전한 인격 추구는 『대학』의 지선(至善), 즉 '완전함'을 향해 끊임없이 노력하고 완성해가는 유학의 수양론과도 부합한다.[18]

볼프는 국가와 도덕에 대한 종교의 필연성을 부정하고, 그 개념들을 '자연법'에 의거해 합리적이고 세속적인 논리로 설명하고자 했다. 그의 궁극적 지향점은 공정한 자연법칙에 근거해 인류 도덕 세계의 '완전성'에 도달하는 데 있었다. 볼프는 자연 세계가 신적인 완전성을 반영한다고 보고, 자연규

율의 근본원칙을 탐구해 인간의 행위원칙에 적용시키려 했다. 그에게서 인간 세계의 완전성 지향과 우주의 완전성 추구는 동일 논법을 구성한다.

아울러 실천철학의 핵심인 이 완전성 개념은 과학적 합리론과 접맥되어 있다. 그에 따르면 "나는 본체론과 물리학에서 완전성의 보편적인 개념을 발전시켜 형이상학자의 학설을 더욱 강화했다. 각각의 생명들은 목적론적인 동인의 고찰에 근거해보면 모두 완전하다는 것이다. 내가 전체 우주의 완전성을 통찰했을 때, 인간의 자유행동이 어떻게 이 (도덕) 세계의 완전성을 추진하는지 숙고했다. 결국 전자(우주)가 후자(도덕세계)와 다르지 않음을 깨달았다(Christian Wolff, 1992, 「The Practical Philosophy of the Chinese」, 146)."고 했다.

이러한 볼프의 실천철학은 주의주의의 신학적 존재론에 기초하지 않고, 이성적 인식의 지혜로부터 그 정당성이 확보된다. 그가 "라이프니츠를 계승하는 합리론자인만큼 그의 실천철학은 지성주의적이다. 즉, 바른 행위는 이성적으로 설명할 수 없는 의지 결정에 근거하는 것이 아니라 이성적 통찰에 근거한다(황태연, 2011, 535)." 이성은 사물들의 연관에 대한 통찰 능력이므로 선과 악은 이성에 의해 인식되고, 그에 대한 판명한 개념 파악에 따라 인간의 행위 또한 교도된다. 볼프의 관점에서 "선과 악의 명료한 개념은 오로지 사물들의 본성과 이유에 대한 통찰력을 통해서만 포착될 수 있다(Christian Wolff, 1992, 「The Practical Philosophy of the Chinese」, 173). 동시에 "사랑과 혐오는 추리에서 획득된 선과 악에 관한 완전한 지식으로부터 발로된 것이다(앞의 책, 173)."

인간은 이러한 '이성'을 갖추었을 때 자각적으로 내면의 욕망과 행동을 억제해 선을 행하고 악을 피할 수 있다. 그런데 합리주의적 윤리관은 모든 인간에게는 이성이 존재한다고 보았기 때문에 그것은 필연적으로 맹자(孟子)와 동일하게 성선설의 결론에 다다르게 된다. 이 논리대로라면 그 어떤 종교도 인간 이성을 대신해 도덕 법칙을 규율할 수 없다. 나아가 무신론자들도 올바른 실천적 통찰력을 가지고 그에 합당한 행위를 할 수 있으며, 반대로 종교인이라 할지라도 잘못된 길로 빠져들 수 있다.

볼프는 자신이 견지한 이 테제의 논증을 중국 유교 문명과의 연대 속에서 모색했다. 오직 '본성의 힘'만으로 찬란한 문명을 이룩한 중국의 예는 볼프에게 계시 종교가 순수 덕성에 대한 지식이나 그 실천에 필수적인 것이 아님을 확인시켜 주었다. 그리고 1721년 할레 대학의 연설에서 "중국의 문화를 계몽주의 운동의 문화 의사일정 속에 포함(데이비드 문젤로, 2009, 204)"시킴으로써 '신앙주의 대 이성주의'라는 유럽의 지적 대결 구도를 확정했다.

볼프의 연설문은 일반적으로 종교로부터 윤리학의 자율성을 옹호한 것으로 널리 알려져 있다. 그러나 엄밀히 말해서 볼프 윤리학의 최대 쟁점은 계몽주의 신학에 가까운 반주의주의적 종교 윤리학이라는 데 있다. 볼프는 "신의 은총을 통한 신학적 정초로부터 실천철학을 해방시키고, 인간에게 종교가 있든 없든 행위의 영역에서 인간적 이성에 근거한 자율성을 부여(황태연, 2011, 537)"하고자 했다.

경건주의자들이 볼프의 윤리학을 가리켜 신의 특별한 자유로운 섭리를 부정하고, 세계에 대한 영적인 힘을 박탈하는 사악한 철학적 원리로 규정해 맹비난한 이유가 여기에 있다. 특히 복수의 화신 랑에는 "볼프의 반주의주의적 윤리학의 완전주의는 자신들의 한계를 인정하기보다는 툭하면 신의 존재를 부정하려 드는 거만한 아리스토텔레스 도덕철학의 결점 많은 인간학과 결합되어 있다(Larrimore, M., 2000, 207)"고 공격했다.

볼프는 중국의 실천철학을 합리주의적 차원에서 윤색해 유럽 신학 보수적 주의주의와 투쟁하는 데 원용했다. 중국은 당시 서양의 기독교 역사에서 벗어난 외부 세계로 인식되어 원죄를 전제로 하는 주의주의적 계명 윤리에 저항하는 도덕 인류학의 표본이었다. 볼프는 연설 첫머리에서 "가장 오래된 시대로부터 중국인의 지혜는 항상 찬양되어 왔다(Christian

Wolff, 1992, 「The Practical Philosophy of the Chinese」, 149)"고 일정한 선을 그음으로써 인간의 본성(이성)에 근원한 이방인의 지혜와 치국이 『성경』의 원초적 계시 진리와 무관함을 선언했다.

볼프는 중국 문명이 서양 문명보다 앞서 이루어졌고, 기독교의 영향 없이도 훨씬 숭고할 수 있다는 사실에 무한히 매료되었다. 그가 이 문명 고국의 도덕과 정치의 숨은 원리를 판단하는 데 신앙이 아닌 인간의 본성을 시금석으로 제시한 것도 같은 맥락에서다. 뿐만 아니라 볼프는 계몽주의적 논쟁을 구성하는 저항의 은유로 공자를 인류 '이성의 사표'로 기술한다. 또 신의 섭리 혹은 신이 내린 예언자나 스승이라는 점에서 공자는 "오늘날 유대인에게 모세, 터키인에게 마호메트, 우리에게 예수 그리스도와 동일한 존재로 중국인들에게 존경을 받는다(앞의 책, 155~156)"고 했다. 여기서 공자와 관련된 '신적 섭리'란 계시와 은총이 배제된 계몽주의 신학의 영역임은 두말 할 필요가 없다.

먼저 볼프는 지혜를 '행복의 과학'으로 규정하고, "행복이란 단지 현명한 제도와 최고의 도덕을 갖춘 국가에서만 향유될 수 있다(앞의 책, 158)"고 했다. 또 지혜의 진정한 원칙은 인간의 본성과 합치되어야 하며, 그렇지 않으면 거짓이라고 강조한다. 나아가 볼프는 인간의 자연적 본성인 '덕성'은

상이한 동기, 이를테면 본성의 힘으로부터만 생겨난 '철학적 덕성', 자연 종교에 의한 '철학적 경건성', 계시 종교에서 근원한 '신학적 덕성' 세 등급으로 결정된다고 했다(황태연, 2011, 543~544).[19]

여기서 중국적 해방의 이미지는 "고대 중국인들은 창조주를 알지 못했고, 자연 종교도 가지지 않았으며 어떠한 신적 계시의 증거도 없었다. 오직 모든 종교로부터 벗어난 자연의 힘만이 그들을 덕행으로 인도했다(Christian Wolff, 1992, 「The Practical Philosophy of the Chinese」, 162~164)"는 논리로 이어지면서 극점을 이룬다. 볼프가 보기에 자연성의 힘만을 가진 중국인들이 "그들의 뛰어난 덕성과 현명함을 통해 본성의 힘이 성공적으로 사용될 수 있음을 분명히 입증(앞의 책, 167)"한 셈이었다.

이 설정 속에는 최상의 덕성을 외치면서도 숱한 종교 분쟁에 휩싸여 있는 후진적인 기독교 문명에 대한 풍자가 숨어 있다. 볼프는 중국인들을 가장 저등한 덕성에 배치하면서 역설적으로 유럽 신학자들보다 더 높은 도덕성과 종교적 관용을 유지한다는 사실을 보여주고자 했다. 그의 합리주의적 프리즘에 비친 중국은 인본 이성이 지배하는 완전한 '철인 왕국' 그 자체였다.

이 지성주의적 관점은 중국의 교육 제도에 대한 해석에서도 그대로 투영된다. 볼프는 중국인의 이성에 근거한 이상적인 인격과 자율성 실현은 원칙상 교육과 관계된다고 생각했다. 그는 아리스토텔레스가 "영혼을 상위 부분과 하위 부분으로 구분한 것은 덕성의 실천을 위해 가장 유익하다"고 전제하고, 소학과 대학으로 나뉜 중국 고대의 이원제 교육은 이 원리와 상당히 일치한다고 확신했다. 그리하여 영혼에 관한 자신의 "높은 단계는 이성적인 것이고 낮은 단계는 감각적인 것(秦家懿, 1999, 18)"이라는 명제를 중국 교육을 통해 실증하고자 했다.

또 여기에 라이프니츠가 구분한 감성의 혼돈된 지각과 지성의 판명한 지각 이론을 적용시켜 소개한다. 이를테면 소학은 8세에서 15세까지의 모든 사람들에게 열려 있어 영혼의 하위 부분인 감각, 상상력, 감정운동 등을 도야시킨다. 이곳에서는 학생들이 "이성을 사용할 수 없고, 감각들의 도움으로 이끌어지고 조정되기(Christian Wolff, 1992, 『The Practical Philosophy of the Chinese』, 170)" 때문에 주로 "부모, 연장자, 상관에 대한 존경과 법률에 대한 순응과 복종을 가르치는 데 집중한다(앞의 책, 171)."

반면 대학은 15세의 지도적 위치에 있는 사람들에게만 허용되어 영혼의 상위 부분인 지성, 이성, 자유의지 등을 연마시킨다. 여기서는 학생들이 "이성을 발휘해 더욱 높은 것을 추구할 수 있도록(앞의 책, 170)"사물의 이치를 밝히고 자신과 타인을 다스리는 유용한 규칙들이 전수된다(앞의 책, 172)."볼프는 이처럼 인간 정신의 발전 단계에 따라 실행되는 중국의 학교 제도를 지성 교육의 모범 사례로 높이 평가하고, 의지는 오로지 지성을 통해서만 도야될 수 있음을 검증하고자 했다.

이 제반 중국적 계몽 이면에는 경건주의의 신학적 존재론에 대항하는 볼프주의의 철학적 인식론이 존재한다. 이 또한 본질적으로는 '신앙'과 '이성'이라는 유럽 양대 문화 인자의 헤게모니 투쟁으로 이해할 수 있을 것이다. 볼프는 이성 우위의 근대 시민사회에 부응해 자신의 반신학적 신념을 중국 철학의 해석에 투영시켜 외부의 어떠한 권위로부터도 속박받지 않는 이성의 자율적 지반 위에서 윤리학을 구축하고자 했다.

볼프는 중국 '인성 문화'에 자신의 저항의 은유를 투영시켜 계시 종교 없이도 이성적 자율성이 존재한다는 사실을 유럽 '신성 문화'에 전파하고자 했다. 여기에는 신본주의 원죄설에 입각한 신학 이데올로기로부터 탈피해 실천철학을 인본주의적 계몽 이성에 정초하고자 하는 의도가 깔려 있다. 그런 측면에서 "유교를 받아들인 볼프에게서 우리가 관찰할 수 있는 것은 무엇보다도 자기 문화권 내에서 정치적으로 유리한 고지를 차지하기 위해 벌어지는 상이한 사회·상징적 담론의 장에서 어떻게 다른 문화권에서 형성된 사상을 자신의 헤게모니적 전략을 위해 차용하는가 하는 것이다(이은정, 2008, 212)."

더구나 볼프가 그렇게 많은 인본 이성적 중국 교훈들을 나열하면서도 정작 중국인들이 기독교를 배워야 한다는 어떠한 인상적인 제안도 없다는 것은 지극히 의도된 자극이 아닐 수 없다. 그 시기 프랑케가 전도 사업에 깊이 관여해 바람직한 프로테스탄트 중국 선교 문제로 라이프니츠와 긴밀하게 논의했던 상황에서는 더욱 그렇다.

유교 지향적 복지국가론

18세기 계몽주의 지식인들은 전제 군주 정치와 귀족 정치의 부패와 폐단을 바로잡기 위해 '계몽전제주의(Enlightened despotism)'를 주창했다. 그러나 독일의 계몽전제주의는 프랑스처럼 전제 군주의 부패에 대한 개혁보다는 귀족 세력의 횡포와 그에 따른 지방 분권화에 맞서 군주권과 중앙집권을 강화시켜 사회를 통합하고, '국민의 복지'를 증진시키는 데 목적이 있었다. 아울러 철학적 회의 정신과 함께 나타난 '종교 배척'과 '도덕 존중'이라는 시대상과도 맞닿아 있다.

당시 프로이센의 정치적 상황을 고려해볼 때 귀족은 국민의 공적(公敵)이었다. 시민 지식인들은 중앙집권적 계몽군주제를 옹호해 귀족들을 상대로 격렬한 투쟁을 벌였다. 그들은 귀족 정치의 폐해를 막기 위해서는 국가 자체를 사유 재산으로 여기는 이른바 봉건적 '가산(家産)국가(Patrimonial State)' 관념을 청산해야 한다고 생각했다. 그 첫 단계가 중앙집권을 실행하고 '군주권'을 확립하는 것이었다.

계몽철학자들은 합리적이고 도덕적인 군권 정치의 확립이야말로 타락한 귀족 정치로부터 고통 받는 국민들을 보호하고 복지를 실현할 수 있다고 믿었다. 아울러 강력한 비종교적 계몽군주가 출현해 권력으로 사회 질서를 확립하고, 도덕으로 종교를 대체하는 '도덕 정치'를 구현해주기를 바랐다. 이러한 희망은 군주의 개명(開明)을 통한 전제 군주 정치의 합리화나 도덕화로 귀결되었고, 최종적으로는 '빛의 통치(Gouvernement de lumiére)', 즉 계몽전제주의의 제창으로 이어졌다.

볼프는 군주가 학자들의 자문을 받고 국민의 복지를 증진시킬 수 있는 능력을 갖추었다는 전제 하에 계몽군주제를 당시 사회에서 실현 가능한 가장 완벽한 국가 형태로 보았다. 볼프의 유교 지향적인 '관방학(Kameralwissenschaft)'은 이러한 역사적 문맥에서 파악되어야 한다. 그렇지 않으면 그의 정치 개혁이 자칫 권위주의를 옹호하는 보수주의로 폄하될 수 있기 때문이다.

볼프는 공자사상으로 상징되는 중국철학이 세계에서 가장 오래된 철학이며 유럽철학에는 중국의 도덕정치학설과 비교될 만한 것은 존재하지 않는다고 판단했다. 그는 중국을 거울삼아 '자연 도덕학의 가능성'과 '철학왕의 정치 제도'를 설명하는 데 전력을 기울였다. 그리고 래크(Donald F. Lach)가 지적한 바와 같이 중국 연구에 있어 자신의 도덕적 가르침과 공자의 가르침 간의 상응성에 대한 신념을 전 생애에 걸쳐 일관되게 유지했다(Donald F. Lach, 1953, 574).

나아가 볼프는 동아시아의 유교적 국가철학, 만민 평등적 교육복지, 과거 제도, 관료제 등에도 심취했고, 이 관심을 넓혀 중국의 인정론적 국가 행정을 연구해 '관방학'을 발전시켜 나갔다. 사실 관방학은 절대군주제와 중상주의(mercantilism)의 결과물로 등장한 것으로, 국민의 모든 행복과 복지는 국가로부터 나온다는 행복촉진주의적 복지국가 사상을 표방했다.[20] 따라서 공공복지의 내용을 결정하는 주체는 국민이 아니라 '절대 군주'였다.

이렇듯 '관방학'이 절대 군주를 보좌하는 데 필요한 관방 관리들의 지식을 통합적으로 정리한 종합 학문이었기 때문에 결국 절대군주제의 몰락과 함께 소멸될 수밖에 없었다.

그러나 한편으로는 '양호학(養護學)'을 거쳐 '사회보장국가론' 또는 '사회복지국가론'으로 발전해 20세기 유럽의 국가 유형으로 탈바꿈했다.

그런데 동서양 일군의 학자들은 이 역사 사실에 토대해 유교의 양민론에 담긴 '유위이치(有爲而治)'의 복지철학이 볼프, 유스티 등의 독일 관방학자들에게 전해져 '양호국가(Polizeistaat)론'을 탄생시켰다고 주장한다.[21] 다시 말해, 18세기 서양이 공맹의 보편적 부민(富民)·교민국가론을 수용해 그리스 이래 줄곧 유럽의 정치·경제 이론과 실제를 지배해 온 플라톤·아리스토텔레스의 야경 국가적 국가철학 전통에 생소한 동아시아적 서양의 발흥, 즉 '복지국가론'을 수립했다는 것이다.

실제로 볼프는 자신의 정치론에서 강력한 군주의 권력, 민본적 전제주의, 성현 정치, 군주의 의무, 신민의 복종, 폭군에 저항할 권리, 교육 중시, 사회 정책의 주장, 국가의 간섭주의, 부자(父子) 관계의 원리로 정부와 국민의 관계를 설명하는 방식 등은 분명 유교의 학설에서 채용한 것으로 평가한다. 그런 까닭에 고라이 긴조(五來欣造)는 "계몽전제주의가 유교와 유사한 것은 결코 우연이 아니다. 그것은 전적으로 후자가 서양에서 선전된 뒤의 결과로 전자가 그 영향을 받게 만들었다(五來欣造, 1929, 176)"고 말한다.

통상 관방학은 1727년 군주 프리드리히 빌헬름 1세가 독일의 할레 대학과 프랑크푸르트 대학에 관방학 강좌를 설치한 때를 기점으로 전기와 후기로 구별된다. '전기 관방학'이 주로 신학, 왕권신수설을 공공복지의 기초사상으로 삼았다면, '후기 관방학'은 계몽사상의 대두와 함께 공공복지의 사상적 기초를 자연법사상이나 계몽전제주의로 정의했다. 계몽주의자 볼프의 입장은 물론 '후기 관방학'의 경향을 따른다.

볼프에게 관방학의 '공공의 복지는 최고의 법' 등의 명제는 다름 아닌 자연법을 의미한다. 그는 후기 관방학적 분위기 속에서 정치·도덕적 개념들을 신의 모상이 아닌 '자연법'에 의거해 규명하고자 했다. 이 점에서 볼프의 복지국가론이 유교의 인정론적 국가철학과 긴밀한 상관관계 속에서 형성되었다는 선행 연구들을 검토할 필요가 있다. 왜냐하면 이 테제(These) 또한 유교 인본주의와 관련해 '긍정적 오리엔탈리즘' 범주의 중요한 역사 전범이 되기 때문이다.

사실 독일 계몽전제주의의 대표적 이론가 중 한 사람이었던 볼프는 자신의 실천철학이 윤리학과 정치학을 모두 포괄한다는 점에서 국가론적 진리와 실례를 중국의 유교 문명에서 발견하고자 했다. 정리하면, 볼프는 국가를 가정으로 환원하는 공자의 방법론과 보편적 양민·교민의 국가관을 처음 수용해 국가의 보편적 양민·교민 의무에 기초한 독일 특유의 국가 주도적 국민 경제, 사회 복지, 평등 교육 이념을 독일의 국가철학과 관방학으로 전개했다는 것이다(황태연, 2012, 381; Michael Albrecht, 1985).

환기컨대 공자의 부민·교민국가론은 대동(大同) 유토피아 세계와 접맥되어 있다. 특히 박시제중(博施濟衆)을 성(聖)의 최고 단계로 지향하는 공자의 인(仁) 사상은 '대동 인류 사회'에로의 문화 심상적 회귀를 지향한다.[22] 이는 양민과 교민을 정치의 요체로 여긴 맹자에 이르러 측은지심(惻隱之心)에 발로한 인정(仁政) 개념으로 더욱 구체화되었다.

상징적 의미에서만 본다면, 대동 세계는 중국 태고의 씨족 공동체 시대로 아직 종법성(宗法性)의 억압과 착취가 존재하지 않는 조화롭고 평등한 인류 사회를 말한다.[23] 이 세계는 그야말로 순수한 인간 심성의 지극한 정리(情理)에 바탕을 둔 상태, 즉 "부부와 자식이 서로 결합해 공동생활을 하고, 서로 관심을 주고받으면서 부양과 양육을 하고 서로 돕고 협조하는(양적, 1999, 66)" 혈연적 자연 인류 상태라고 할 수 있다.

그런데 공자가 꿈꾸었던 현실 개혁의 모델은 대도가 펼쳐진 요(堯)·순(舜)의 대동 시대라기보다는 오히려 이로부터 추동되는 하(夏)·은(殷)·주(周) 삼대의 예치(禮治) 사회인 소강(小康) 시대였다. 공자는 대동에서 소강으로 이행된 역사

변혁의 주요인을 천도라는 자연적 인륜이 숨거나 행해지지 않은 것에 대신해서 일어난 '예제 문화'의 출현으로 설정하고 있다.[24]

그러나 이것은 실제로는 예와 인을 표준으로 천하를 사사로운 자신의 집으로 여기는, 곧 '가천하(家天下) 종법 사유제' 문화라는 인륜 개념의 변화를 의미한다. 이 종법 인륜 문화 체계는 서주의 주공(周公)에 와서 완비되어 불평등한 압박과 착취의 봉건 종법 등급제 내지는 종법 분봉제(分封制)로 발전했다.[25]

볼프는 이와 같은 중국 고대의 문화 상징적 공간에 플라톤의 철인 정치 개념을 적용시켜 전개한다. 전개 논법은 유교 텍스트에 등장하는 대동·소강의 내용 및 구조를 차용해[26] 중세 봉건적 신정(神政) 국가를 대체할 근대적 국가사상의 실현체로서 강력한 유교 복지론적 타자상을 구성한다. 그는 먼저 "플라톤이 먼 옛날 말한 것으로 한 국가는 철인들이 통치하거나 아니면 통치하는 자가 철인들이었을 때 행복할 수 있다(Christian Wolff, 1992, 「On the Philosopher King and the Ruling Philosopher」, 187)"고 천명한다. 그리고 이 명제는 "단순히 사변적인 주장이 아니라 사실과 경험으로 확증된 것(앞의 책, 187)"이며 중국이 그 예증이라고 강변한다.

볼프는 "고대 중국의 황제와 제후들은 모두 철학자였다

(Christian Wolff, 1992, 「The Practical Philosophy of the Chinese」, 150)

고 언명하고, 철인 통치의 모델로 중국을 수용했다. 중국인의 마음에 깊이 각인된 생각은 고대 통치자들이 철학자였고, 국왕의 행동원칙은 백성을 위해 봉사해야 한다는 믿음이었다는 것이다(앞의 책, 153). 이러한 사실들은 중국인들이 플라톤적 사고를 했다는 분명한 증거였다.

볼프가 판단하기에 중국 지혜의 창시자들인 복희(伏羲), 신농(神農), 황제(皇帝), 요, 순 등은 모두 철인 정치가이며, 그 뒤를 이은 "하·상·주 삼대의 통치자들도 가장 완전성을 지닌 정부와 법률로 이끌었다(앞의 책, 151)." 중국은 뛰어난 지혜의 덕으로 가장 이상적인 정부 형태를 보유함은 물론, 플라톤의 '철인 정치'의 이상이 매우 일찍부터 실현된 셈이었다.

그러나 뜻밖에도 중국의 이상 사회는 파괴되어 거의 사라지고 말았다. 그 뒤 중국은 쇠퇴해 선정과 선행을 이끌던 정부와 학교는 문란하게 되었다. 군주들은 더 이상 선왕의 유훈을 받들지 않았고, 그들이 남긴 덕의 길을 가지도 않았다. 스승들은 가르치는 의무를 다하지 않아 도덕이 땅에 떨어지고, 백성들은 제멋대로 악행을 저질렀다. 볼프는 이로 인해 중국이 길을 잃고 음란과 죄악의 향락 속에 빠져 매우 혼란스러운 상황에 처하게 되었다고 설명한다(앞의 책, 151~152).

결국 이러한 중국의 난세를 바로잡기 위해 급기야 신의 섭리가 덕망과 학식이 뛰어난 공자를 일으켰다고 피력한다. 그는 계속해서 "공자는 결코 왕족 현작(顯爵)의 유리한 지위에 있지 못했다. 게다가 훌륭한 법률을 편찬해 공포한다거나 백성들이 그것을 준수하도록 하는 아무 권한도 없었다. 그는 단지 교육자일 뿐이었다. …… 그는 원하는 모든 것을 행할 수는 없었지만, 최소한 실행 가능한 일들은 모두 실천했다(앞의 책, 152~153)"고 덧붙인다.

볼프가 보기에 "공자는 자신의 독창성을 선용해 헛된 영예에 굴복함 없이 백성들의 행복을 찾는 데 우선했다(앞의 책, 154~155)." 나아가 공자의 주된 일은 역사를 연구해 그 속에 깃들어 있는 유용하고 유익한 지혜를 흡수하고 실천해 후대에 전수하는 일이었다. 이런 점에서 공자를 "중국 성지(聖智)의 창시자가 아닌 재건자(앞의 책, 154)"로 위치시킨다.

한편 볼프의 친유교적 복지국가론은 중국의 가부장제적 덕치주의, 곧 가정을 모델로 하는 '제가(齊家)=치국(治國) 유추론적 국가철학'과 겹친다. 통치자의 정치권력은 당연히 가정과 유사한 형태로 조직되어야 하며, 국가는 가정을 확대한 거대한 가족이고, 국왕은 이 대가족 국가의 군자 임금으로서의 아버지에 대응한다. 볼프는 이것을 제국의 창시자이자 문화의 아버지로 추숭되는 복희에게서 방증하면서 "복희는 전체 제국을 한 가족으로 여겨 군주와 신민 사이가 부자 간의 관계와 같기를 요구했다. 이 관계에 대한 생각은 그가 만든 모든 규칙에서 추론된 것이다(앞의 책, 151, Notes 7)"라고 했다.

또 이러한 긴요한 원리들은 복희의 하늘과 땅에 대한 깊은 지식에서 발현된 것이며, 특히 천문학에 있어 우주 순환 체계의 질서와 불변성을 인간 통치 원칙에 응용하고자 한 것이라고 피력한다. 볼프는 자연법의 선험적이고 연역적인 방법을 통해 한 나라의 이상 정치를 실현할 수 있다고 판단했다. 그는 말하기를 "복희는 그의 국가 안에서, 즉 이 광대한 제국이 완전히 우주와 같이 그렇게 잘 다스려지게 하는 조화로운 시스템을 건설하고자 했다. 이 위업을 달성하기 위해 그는 부모와 자식을 결합시키는 근본적인 혈연관계를 고수하여 상급자와 하급자, 늙은이와 젊은이, 국왕과 백성, 황제와 제국 간의 관계를 그것으로 대체하고자 했다(앞의 책, 151, Notes 7)"는 것이다.

볼프는 이로 인해 중국은 수천 년 동안 가장 아름다운 질서 속에서 제국을 유지할 수 있었다고 믿었다. 이후 이 논단은 독일의 양호국가론에서 국가와 국민의 관계는 아버지와 자녀의 관계와 같아서 아버지인 군주가 절대적 권력으로 자녀인 신민을 강제해 그들의 행복과 이익을 실현시켜주어야 한다는 논리로 변환된다.

이상의 내용을 종합하면, 볼프의 국가론은 지성이 지배하는 플라톤의 '철인 정치'와 더불어 도덕군자의 통치를 이상적 정치 형태로 보았던 유교의 '성현 정치'가 복합적으로 혼재함을 알 수 있다. 아울러 철인 통치자의 행복 논리는 국가의 권력을 이용해 합리주의를 실현하고자 했던 당시 유럽 '계몽전제주의'와도 연결된다. 당시 계몽전제주의자들은 군주의 권력을 정치 체계의 중심에 두고, 국가의 힘을 빌려 국민 개인의 행복을 실현하고자 했다.

볼프가 보기에 중국 고대 세계는 이러한 유럽 계몽군주의 합리주의적 '빛의 통치'가 실현된 이상국과 다름없었다. 더구나 그의 의식 속에서 중국의 성왕은 의무감이 충만한 이성적 계몽군주로, 또 덕으로 교화하는 유교의 성현 정치는 지식을 숭상하는 플라톤의 철인 정치로 각각 치환되었다. 때문에 볼프는『독일 정치(Deutsche Politik)』에서 "유교적 국가 사상과 이성에 기반을 둔 자신의 국가론 사이에 접합점이 있다(이은정, 2008, 202)"는 점을 반복해서 피력하고 있다.

어떤 면에서 유교는 "신비적 신앙을 합리화하는 실천적 도덕교인 한편 전제 정치를 합리화하는 민본주의(五來欣造, 1929, 2)"라고 할 수 있다. 볼프는 중국에 대해 군주가 국민의 행복을 위해 존재하는, 곧 전제 정치의 합리화가 실현된 문명으로 판단했다. 따라서 그는 유교의 민본적 전제주의를 유럽 계몽전제주의의 역할 모델로 받아들인 것이다. 볼프가 이렇게 중국에 매료된 것은 계시적인 신을 탈피해 계몽군주적 정치 규범을 정초해야 하는 당시 유럽의 지적 풍토에서 어쩌면 당연한 일이었다.

이러한 볼프의 중국 통찰은 현대 복지국가론의 전신인 유스티의 '관방학적 양호국가론'으로 유전된다. 유스티가 집필한 『양호학의 원리(Grundsätze der Polizeiwissenschaft)』[27] 『유럽 정부와 아시아 정부 및 기타 언필칭 야만적인 정부의 비교(Vergleichungen der europäischen mit den asiatischen und andern vermeintlich barbarischen Regierungen)』[28] 등은 대표적인 친중국 저작들이다.

유스티는 볼프의 중국식 국가론의 모티브를 계승해 양호국가론을 전반적으로 체계화하고 확장했다. 그는 볼프로부터 "국가 목적으로서의 행복 개념과 그 함의 및 이론 틀을 모두 넘겨받았다(황태연, 2012, 385~386)." 특히 볼프에게서 제기된 부자 관계의 원리로 관민(官民)의 관계를 설명하는 유교의 '국가-가정 유추론'을 수용해 중국처럼 국민의 행복을 국가의 일반 목적으로 설정하고, 이로부터 양민과 교민의 양호국가론의 중요한 논제들을 이끌어냈다.

이렇게 국가가 국민의 보호자임을 자임하는 양호국가론은 19세기 헤겔의 『법철학(Grundlinien der Philosophie des

Rechts)』에도 영향을 미친다. 헤겔은 시민사회를 '공동의 가족'으로, 개인을 '시민사회의 아들'로 각각 정식화하고, 이 개인은 "가족 내에서 누렸던 것과 똑같은 권리와 요구를 시민사회에서도 갖게 된다(G.W.F. 헤겔, 2010, 424)"고 논변한다. 이에 시민사회는 "그 성원을 보호하고 권리를 옹호해야(앞의 책, 424)" 하며, 또 "모든 개인을 부양해야 할 책임을 지고 있으므로 그들을 편달하고 생계를 꾸려나가도록 북돋워줄 권리도 있다(앞의 책, 425)"고 했다.

요컨대 볼프의 '유교 지향적 관방학'은 유스티, 헤겔로 계승되는 '동아아시아 국가론'의 서구적 이식이라는 측면에서 중요한 의미를 갖는다. 동서 간-문명적 지성사에서 볼프가 라이프니츠와 함께 중요한 인물로 평가받는 이유는 바로 이런 점 때문이다.

오독과 의미

볼프의 할레 대학 연설은 '신앙'에 의탁한 성직자 계급과 '이성'에 의탁한 근대 계몽주의 시민 계급 간의 치열한 이념 대립과 상호 모순적인 이해관계를 반영한다. 볼프는 계몽주의가 다분히 프랑스적인 사건이라는 점에서 볼테르(Voltaire)를 비롯한 중농학파에게 높이 평가되어 '공자의 순도자'로까지 격상되었다. 볼프는 신학 보수적 지배 권력에 맞서 "기독교적 유신론이 사회의 건강한 도덕적 질서의 확립을 위한 필수적인 선행 조건은 아니라는(J. J. 클라크, 2004, 72)" 벨(Pierre Bayle)의 입장을 견지해 도덕의 기본 명제들을 종교 신앙에서 찾지 않고, 신의 은총이나 계명이 필요치 않는 인간의 이성으로부터 도출해냈다.

다시 말해 볼프는 신본주의적 '신앙의 윤리화'에 대항해 근대 인본주의적 '지성의 윤리화'를 추구함으로써 인성 고유의 선을 지향하는 이성적 자율성에 기초한 새로운 윤리정치학 체계를 건립하고자 했다. 그에 따르면 인간의 본성인 '이성'은 선천적으로 선과 악을 분별하는 능력을 가진 까닭에 신의 도움 없이도 스스로 도덕적인 판단과 행동을 할 수 있다는 것이다.

이러한 볼프의 '자연도덕사상'은 근대 윤리학을 신학에서 독립시키는 중요한 전환점이 되었다. 당시 대척점에 있던 할레 대학의 경건주의자들이 볼프의 철학을 거부한 것은 실제로 "자신들이 성서에 대한 실존적 체험과 실천적인 적용을 통해 극복했던 스콜라적 사변신학과 논쟁신학, 나아가 무신론적인 계몽철학이 할레 대학에 들어오는 것을 방어하기 위함이었다(이성덕, 2008, 71)."

엄밀히 말해 인간의 본성이 선을 지향한다는 볼프의 사상은 근대 문예부흥 사조와 맞닿아 있다. 15세기를 전후로 해서 이탈리아를 중심으로 발생된 문예부흥은 중세적 가치관을 극복하고, 인간 중심의 새로운 세계관과 인생관을 수립하고자 한 서양의 '인문주의'를 가리킨다. 또 중세와는 달리 인간의 본성을 긍정하고 현세적 가치를 중요시하는 특성으로 나타났다.

볼프의 윤리학은 원초적으로는 이 문예부흥을 통해 되살아난 플라톤과 스토아학파(Stoic school)의 이론을 토대로 구축된 것이다. 그의 선을 지향하는 본성론은 자연법칙을 기점으로 삼는다. 이 자연법칙은 스토아학파 이전에 우주와 인성 속에서 발견되는 이성 법칙을 의미한다. 특히 볼프의 인성론은 덕은 자연의 법칙에 있고, 현자의 지혜는 자연에 따라 사는 것이라고 했던 스토아학파의 반향으로 보인다.[29]

볼프는 인간의 선한 본성에서 자연법칙의 기초를 찾을 수 있을 수 있고, 세계의 선을 추진할 수 있다고 말한다. 이는 중국철학과 공통성을 갖는 부분이기도 하다. 기독교의 원죄설과 무관한 중국유학 역시 인간의 본성은 선을 지향한다고 하여 인간이 선천적으로 선악을 판별할 수 있는 능력을 가졌다고 믿었다. 이렇게 볼프가 중국의 윤리학을 이해할 때 맹자 계열의 성선설을 선택한 것은 중국 선교사를 매개로 한 '송명 이학'의 영향이라고 할 수 있다.

중국유학은 유럽 계몽주의의 사유 틀과 체계에 직간접적인 영향을 미치면서 새로운 외연을 지닌 정치·도덕적 철학 이론들을 양산해냈다. 당시 진보적 지식인들은 자신들의 투영체이기도 한 이질 세계 중국을 통해 자문명 비판과 혁신의 계몽주의 이념을 분출시키고자 했다. 나아가 중국의 고대

군주와 공자는 18세기 유럽의 시대상을 반영하는 합리주의적 계몽의 수호성인으로 추앙되었다.

이런 점에서 볼프가 원시유학을 통해 표현하고자 했던 유교적 계몽, 즉 저항의 메시지도 계몽주의적 범주에서 크게 벗어나지 않는다. 그의 반주의주의적 신학 윤리학 이면에는 '합리주의적 형이상학'이 자리한다. 볼프가 경건파 신학자들에게 "무신론자라는 비난을 받은 이유는 그의 종교가 신앙이 아니라 합리적인 형이상학(요한네스 힐쉬베르거, 2008, 349)"이었기 때문이다. 그의 해방적 의미의 중국 형상 역시 이 합리주의적 구도 속에서 구술되고 있다.

실제로 계몽주의 시기 "유교가 자연과학과 내재적 연관성이 없음에도 불구하고, 유교의 합리주의적 윤리관이 당시 출현 중인 과학적 정신과 호응한다(J. J. 클라크, 2004, 244)"고 인식되었다. 볼프도 예외가 아니어서 도덕과 덕성의 기초를 지식이나 지혜로 환원하는 그의 지성주의 철학은 '도덕 정감'을 본체로 하는 유교 형이상학을 간과하고, 중국의 실천철학을 합리론적 형이상학 차원에서 접근하는 오류를 범하고 있다.

볼프가 "중국인의 제1원칙은 선과 악에 대한 명확한 지식에 도달하기 위해 세심하게 이성을 배양한다(Christian Wolff, 1992, 「The Practical Philosophy of the Chinese」, 173)"고 하여 '이성'을 중국철학의 제1원칙으로 파악한 것은 적확하다. 아울러 중국유학이 방증으로서 자신의 이론과 합치된다고 함은 모두 이 선악의 판단 준거인 '이성'을 가리킨다. 그러나 공자로부터 본격화된 "유가 정신의 기본 특징은 심리적 정감 원칙을 윤리학, 세계관, 우주론의 기초로 한다는 데 있다(李澤厚, 1986, 310)." 동시에 유교는 사실과 가치의 분리를 허용하지 않을 뿐만 아니라, 그 목적은 지식세계가 아니라 자연 질서에 기초한 도덕세계의 건설에 있다.

이로 볼 때, 볼프가 자신의 합리론적 방법으로 유교철학을 해석한 것은 분명히 오독이다. 그는 "내가 중국인들의 격률을 나의 근거로부터 증명할 수 있다는 것은 기쁜 일이다. 나의 이론과의 조화가 분명하게 보이기 때문에 아마 나는 중국인들의 도덕론과 국가론을 과학의 형태로 옮겨 놓을 기회를 얻을 것이다(Wolff, *Vernünftige Gedanken von dem Gesellschaftlichem Leben der Menschen und insonderheit dem Geneinen Wesen*, in: Wolff, *Gesammelte Werke I*, Bd. 5, p.10. 황태연, 2011, 538 재인용)" 라고 했다. 볼프에게서 이성은 추리 능력, 곧 진리들 간의 연결을 인식하는 능력에 해당되고, 지혜는 행복의 과학으로 규정된다.

볼프는 서구의 전통적 이성 개념인 수학·과학 계통의 '순수 이성' 혹은 과학 지식 계통의 '이론 이성'에 입각해 중국의 실천철학을 과학의 형태로 수용하고자 했다. 그러나 그가 주목한 중국 이성은 사물의 본원과 지식을 탐구하는 과학 이성이 아니라 도덕 수양에 근거한 '도덕 이성' '자각 이성'에 근접한다. 결국 유학은 볼프에 의해 유럽적 맥락에서 수용되었고, 그 과정에서 "원래 그것이 작용하던 담론의 장으로부터 완전히 분리되어 유럽과 독일이라는 새로운 장으로 전이(이은정, 2008, 201)"된 것이다.

라이프니츠가 지적한 바와 같이 중국 문명의 특징은 정치론과 도덕론에 있으며, 지식론은 단지 윤리학 범위 안에서 발생해 도덕의 이성화 방향으로 발전해 나갔다. 중국철학은 "엄격한 추리 형식이나 추상적 이론 탐색이 부족(李澤厚, 1986, 305)"하며 "본질상 우주 가치, 인생 가치, 인류 가치, 사회 가치에 대해 깊이 긍정하고 체험하고자 하는 가치철학(成中英, 1986, 10)"에 해당한다. 이 때문에 유교의 진리 문제는 "존재와 인식이라는 인식론적 영역보다 존재와 당위라는 가치론적 영역에서 논의(최영진, 2003, 14~15)"되는 것이다.

이는 서양이 지식철학에 편향되어 이성을 지식 창조의 도구로 보는 것과는 성격을 달리한다. 유학은 가치우주 속에서 지식을 어떻게 구축할 것인가를 문제 삼는다. 그리고 이성은 "의리, 성리(性理)로 일컬어져 가치이성에 속한다. 가치는 확실히 정감과의 관계 속에서 결정되며, 인식에 의해 결정되는 것이 아니다(蒙培元, 2002, 2)." 유학의 이성은 또 정리(情理)

로서 정감을 내용으로 하는 구체이성이지, 순수 형식의 추상이성이 아니다.

량수밍(梁漱溟)이 중국적 이성을 감성과 의지를 포괄하는 생명의 본신인 초월적 도덕 정감으로 규정하고, 지적 능력으로서 생명을 유지하는 데 필요한 도구 측면의 서양적 이성인 이지(理智)와 구분한 이유가 그것이다.[30] 볼프 역시 서양철학의 주지적 이성주의 전통에 따라 후자에 방점을 두어 '이성적으로 정리된 사고' 차원에서 당시 최신의 수학적 발견이나 자연과학적 논의들을 차용해 지식우주 속에서 어떻게 가치를 안배할 것인가를 고심한 것이다.

어떤 의미에서 타자란 자아의 욕망이 투영된 대상이고, 타자상은 그 자아가 욕망하는 내용이라 할 수 있다. 계몽기 볼프의 '중국 형상'은 주로 유럽의 정치적이고 도덕적인 수요에 따라 도출·형성된 것이다. 이로 비추어 볼 때, 볼프의 국가론은 플라톤의 '철인통치론'과 중국 내성외왕(內聖外王)의 '성현정치론'이 동서 계몽군주의 행복주의 유대 속에서 긴밀히 결합되어 있다.

볼프는 "그 자신의 국가 이론에 중국을 현실적인 이상국가의 전형적인 예로 포함(이은정, 2008, 204)"시켜 상고(尙古)적인 입장을 취해 중국 선왕의 예치와 덕정(德政)에 의탁했다. 그는 중국 사회가 공자 이전에 일찍이 이상적인 태평성

대를 구가했고, 정치 제도 역시 완벽하고 합리적이었다고 주장한다. 또 덕성의 실천에 있어 군주와 신민은 서로 경쟁하고, 규칙과 법률을 더욱 준수했다고 강조한다(Christian Wolff, 1992, 「The Practical Philosophy of the Chinese」, 150). 뿐만 아니라 그때의 중국은 이상적인 국가였고, 군주 역시 철인들이었기 때문에 국가의 행복을 위해 무엇을 해야 하는지를 잘 알고 있었다고 믿었다.

유교 도덕정치 유토피아와 결부된 인간의 본성인 '이성'이 볼프로 인해 보편적 호모 폴리티쿠스(Homo-politicus)의 근거로 자리 잡게 된 것이다. 또 볼프의 유교 이상론은 국민의 복지 구현을 군주의 궁극적 의무로 여긴 유럽에서의 계몽전제와 계몽군주의 실현을 목표로 했다. 이러한 볼프의 복지 타자상은 실제로 '군주는 국민 제1의 공복(公僕)'임을 자처했던 독일의 대표적인 계몽군주 프리드리히 대제의 철인 통치 이상에 영향을 미치기도 했다.

이처럼 볼프는 중국의 고대 통치자를 전적으로 유럽적 맥락에서 플라톤의 철인 군주로 전위(轉位)시켜 유럽의 계몽군주 개혁에 원용했다. 그 중심에는 신을 상정하지 않고서도 자연법에 기초해 탁월하고도 유효한 도덕 정치를 이끈 동아시아의 '고성명철(古聖明哲)'이 자리한다. 볼프의 사유 속에서 중국의 고대 성왕은 18세기 유럽의 합리주의적 '계몽군주' 그 자체였다.

그러나 중국 고대 철학의 실제적 중심인물은 지적 성향의 과학 합리론적 인간형이 아니라 장구한 문화적 인습 속에서 탄생한 정적 성향의 도덕 성철임을 기억할 필요가 있다. 김충열은 그 구체적 형태로 영국 철학자 콘포드(F. M. Conford)의 3종 인격의 '이상적 합성인(combined personage)' 개념을 채용해 예지, 시정(詩情), 덕성을 겸유한 요의 '극명준덕(克明俊德)'한 인격체를 제시한다.[31]

김충열은 이 인격체는 서양의 '철학적 신(philosophical god)'과 같다고 논구하면서 자신의 순수 정감으로 '천지가 만물을 생육하는 정신(天地生物之心)'과 만물이 '그 생명을 구현하는 정(萬物化育之情)'을 느껴 내재 심성에 잠겨 있던 정신의 빛(the light of self enlightenment)을 이끌어내고, 총명한 예지로 천도의 변화와 인물의 성정을 파악해 길흉을 예지(prophetical knowledge, self knowledge)하고 대비하며, '순수하고 밝은 인격(純一無垢)'과 '지극히 곧고 올바른(大正至中)' 행위로 모든 사람을 교화시키는 철인이라고 설명한다(김충열, 2006, 81~85).

한편 유교의 '예악(禮樂) 문화'는 중국의 정치와 사회 제도의 규범적 기능을 수행했지만, 사실 본질적인 내용은 '종법 인륜'에 있다. 본래 종법과 인륜은 서로 다른 개념이다.

때문에 그 결합적인 통일체 속에서 이 양자는 상호 모순되고 대립하는 양상을 보인다. 이 인륜 형식의 종법제는 인간 간의 불평등한 관계로서 인륜의 원시적 '인륜성'을 왜곡시켜 지배와 순종을 규정할 뿐만 아니라 불평등한 정치적 압박과 경제적 착취라는 측면을 함축한다.

어떤 면에서 '가천하 종법 사유제' 속의 인륜은 바로 자연 인륜의 인위적 개조와 전도라고 할 수 있다. 예를 들어, 가부장과 적서(嫡庶)의 관계, 부부·형제·장유(長幼) 등의 관계를 통해 대종(大宗)과 소종(小宗)의 종손(宗孫)과 방계(旁系), 가족 내부 상하 간의 지배 복종 관계, 등급과 명분의 관계를 구별한다. 이러한 종법제의 인륜은 권력과 재물의 불평등한 분배를 유지하고, 통치자가 다른 피지배자들에 대한 압박과 착취를 지속하려는 것으로 후자가 전자에게 순종하기를 요구한다(양적, 1999, 66~67).

이렇게 볼 때, 볼프의 중국관은 중국 봉건제에 내재된 차별적 '종법성'을 읽어내지 못하는 한계를 보인다. 중국의 종법제 인륜은 결국 군신 관계를 강화시키기 위한 것으로 부부와 부자 등은 지배자의 임금과 복종자의 신민 관계에 지나지 않는다. 도가의 노자(老子)가 유교의 예제는 어지러움의 시작으로 권력자의 더 많은 기득권 획득을 위해 궁핍한 백성이 그들을 받들도록 조장한다고 맹비난한 의미가 여기

에 있다.[32]

물론 볼프도 다소 방향은 달리하지만, 자신의 시야에서 대동에서 소강, 즉 요·순 통치에서 우(禹)·계(啓)로 옮겨가는 정치·사회적 변혁을 놓치지 않는다. 그는 유럽의 군주 세습제에 대한 저항의 은유로 중국의 요·순 시대는 왕위가 현자에게 양위되었기 때문에 정치와 도덕의 황금시대를 향유했다고 높이 평가한다. 그러던 것이 하의 계로부터 현자가 아닌 친족 세습이 이루어지면서 정치와 도덕은 타락하게 되었다고 한탄한다(Christian Wolff, 1992, 「The Practical Philosophy of the Chinese」, 152, Notes 13).

그러나 볼프는 근본적으로 중국 역사 이면에 내재된 '가천하 종법 사유제'의 출현이라는 문화 상징적 의미를 놓치고 만다. 동서고금을 막론하고 지배 권력의 독소는 문화의 발전과 병행한다는 사실을 간과한 것이다. 중국의 국가 제도는 정치와 도덕이 분리되지 않은 상태에서 봉건적 혈연관계를 극대화시킨 종법 인륜의 거대한 족벌 피라미드 사회라고 할 수 있다.[33] 볼프는 초보 단계의 유학 연구자들에게서 흔히 발견되는 '상고적 유교 이상론'에 갇혀 결국 이 '가천하 종법 통치 체계'라는 중국 전통의 특수한 국가 형식을 통찰해내지 못한 것이다.

또 유교의 덕치는 지식의 분석, 계산, 가설, 추리 등에 있는 것이 아니라 정감의 '불인지심(不忍之心)'과 이로부터 도출된 추기급인(推己及人)의 도덕적 자발성에 근원한다.[34] 중국의 정치 현실은 도덕과 정치의 근본원리를 의무에 두고, 그 의무감은 인륜 속의 아버지는 인자하고 자식은 효도하며, 형은 어질고 아우는 공경하는 인간의 자연스러운 정리에 기초한다.[35] 이렇게 볼 때, 볼프가 논변하는 지적 이성으로 표현되는 계몽군주의 의무감, 나아가 이성으로 국가를 지배한다는 식의 이해 방식은 유교의 덕치사상과는 일정 부분 거리가 있음을 확인할 수 있다.

환기컨대 중국 유교 문명의 부정적 가천하 종법성에도 불구하고 그것이 볼프로 대변되는 간-문명적 유럽 수용자에게 어떻게 '긍정적 타자상'으로 흡수될 수 있었는지를 눈여겨볼 필요가 있다. 왜냐하면 이것은 문화철학적 성찰을 결여하고서는 이해되기 어렵기 때문이다. 볼프의 「중국인의 실천철학에 관한 연설」은 서구 지식인들이 중국의 철학과 종교를 이해하는 데 중요한 역할을 했다. 또 그의 연설로 인해 중국철학 역시 유럽에서 보편적인 위치를 확고히 할 수 있었다.

유럽 계몽기의 무게 중심이 '신앙'에서 '이성'으로 이동했을 때, 진보적 지식인들의 눈에 비친 중국은 계몽주의의 승리를 보증해주는 문명의 보고였다. 중국의 유학적 세계관은 이렇게 근대 이성 우위의 조류에 편승해 유럽 문명으로 틈

입한 것이다. 그러나 볼프는 유교적 계몽에 있어 다양한 지
성주의적 스펙트럼을 구성하면서도, 일면 자발적 윤리학이
라는 유교의 '덕감 인자'를 체감해 "공자의 인생은 공자가
그의 언행들을 완전히 서술한다면 그리스철학으로부터 우
리에게 내려온 것과 비교할 수 없는 도덕철학과 국가철학
의 보고로 간주될 수 있을 것(Wolff, *Oratorio de Sinarum philosophia
practica*, Anmerkung 20. 황태연, 2011, 557 재인용)"이라고 토로한
다.[36]

근대 헬레니즘 이성 인자의 발흥으로 서구에 이식된 유
학은 불현듯 볼프의 계몽사상과 화학 작용을 일으켜 급기야
그리스철학에 대한 공자철학의 역전을 불러온 것이다. 이를
두고 황태연은 서구 계몽주의를 "중국으로부터의 공자철학
의 수입과 이를 통한 그리스철학의 추방(황태연, 2011, 558)"
으로 규정한다. 주첸즈 역시 중국은 "18세기 정신문화의 탄
생지이며, 그 폭발력은 사실 그리스를 훨씬 능가했다(주겸지,
2010, 210~211)"고 단언한다.

나가며

21세기 인류 문명의 대전환기를 맞이해 최근 문화와 문명을 통섭하는 각종 '문명대안론'이 활발하게 전개되고 있다. 이는 과거의 역사 경험을 거울삼아 상이한 문명권 간의 상호 배타적인 대결 의식은 인류의 공멸을 자초할 뿐이라는 뼈아픈 반성에 토대하고 있으며, 이제 인류 문명의 평등 관계를 기초로 하는 호혜적인 교류만이 인류의 공생공영을 담보할 수 있다는 인식이 확산되고 있다. 그것은 유럽제국주의 시대에 비롯된 세계의 문명은 오직 단수로서 기독교 문명만이 존재한다는 일방주의적인 단수문명론이 폐기되고, 문명은 복수이며 각각의 문명은 교류 또는 독자적인 방식으로 발전해왔다는 복수문명론이 현재 동서 문명 담론의 큰 힘을 얻는 이유이기도 하다.

이 책은 이와 같은 세계 문명의 화합과 공존이라는 시대 정신에 부응해 과거 서구의 문명강권주의 논리를 정당화해 온 부정적 의미의 오리엔탈리즘을 희석시키고 다원적이고 다층적인 개념으로 재조정하기 위해 기획되었다. 그 대안으로 상대적으로 간과되어온 '긍정적 함의'를 활성화시켜 4분적 층위의 오리엔탈리즘 범주를 제시하는 한편, 이 추상적인 이론이 동서 철학 교류사 연구를 통해 어떻게 구체화될 수 있는지를 문명 내부의 담론 측면에서 독일 초기 계몽주의 철학자 볼프의 '중국 형상'을 모델로 검증해 보았다.

글의 전체적 구성은 수용자의 능동적 관점을 적극 반영한다는 차원에서 간-문명적 타자상을 음각하는 유럽의 문화 인자, 즉 '신앙 대 이성'이라는 문화 헤게모니적 역학 관계 속에서 다각적으로 이루어졌다. 여기에는 볼프로부터 연원하는 유럽 '복지국가론'의 동아시아적 기원에 대한 고찰도 함께 포함되었다. 이를테면 현대 복지국가 개념은 유럽 소크라테스·플라톤의 '철인치국론'과 더불어 중국 공맹의 '군자치국론'이 혼성된 동서 문화 하이브리드(Hybrid)임을 논증하고자 했다. 이 제반 연구과정에서 결국 서구가 신학 체계로 응집된 보수적 종교사회를 청산하고, 근대 시민사회로 진입

하는 데 유학 인문주의가 중요한 추동력이 되었다는 사실을 확인할 수 있었다.

특히 18세기 볼프의 계몽의식 속에 담지된 신앙에 대한 이성의 문화 투쟁은 유럽의 근대적 문화 이행을 위한 중국 인문주의의 원조라는 문화철학적 의미를 갖는다. 그것은 계몽기 신본 신앙에 기초한 신학 보수적 경건주의의 '억압적 타자상'과 대비되는 인본 이성에 기초한 계몽 진보적 볼프주의의 '저항적 타자상'으로서, 자문명 비판과 혁신을 위한 고도의 방증과 오독이 빚어낸 간-문명적 저항의 은유라고 할 수 있다. 더욱이 볼프의 중국적 계몽은 중세 봉건적 신정 국가를 대체할 이성적 계몽군주제의 실현체로서 근대 유럽사에 강한 '유교 복지론적 타자상'을 남긴다.

서두에서 '오리엔탈리즘'이 동양에 대한 서양의 타자상을 규정하는 용어임을 지적한 바 있다. 그런데 '문화철학'적 시각에서 통찰해보면, 타자가 우리의 세계관을 통해 관찰되듯 우리 역시 타자의 시각 속에 존재하며, 정체성은 자아와 타자의 상호 투영과 의존 속에서 규정되는 것이다. 이로 보건대 균형 잡힌 '자화상' 확보는 '타자상'을 읽어내는 데서 비롯될 것이다. 이것이 선행되어야만 타자를 포용하는 자화상과 그로 인한 진정한 의미의 문명 간 상호 교류적 '호혜 형상'을 조형해낼 수 있다.

이처럼 당면한 '오리엔탈리즘'의 재구성 문제는 문명강권주의 억제와 참된 문명관 정립이라는 양대 과제를 포괄한다. 이 점에서 '계몽주의 동아시아학' 구축과 그에 따른 '긍정적 타자상'의 발굴은 19세기 이후 문명패권주의 시대에 왜곡되고 변질된 서구의 '동양 형상'을 바로잡는 데 일조할 것이다. 뿐만 아니라 이러한 연구 노력은 과거 식민주의적 '억압 이데올로기'로부터 탈피해 동서 화합과 세계 공영을 위한 '세계주의 시각' 차원의 다양한 문화·문명학 이론들을 창출하는 데도 기여할 것이다.

주

1) 사이드가 제기한 근대 문화에서 '타자성'의 문제는 최근 폭넓은 문맥 속에서 핵 분열되어 타문화와 타문명을 이해하고자 하는 다양한 탈중심적인 현대 문명 담론의 생산을 촉진시키고 있다. 여기서는 포스트(post)가 '~를 넘어서는(go beyond)' 극복과 청산이란 의미를 갖는다는 점에서 최근의 오리엔탈리즘과 관련된 일련의 논의들을 '포스트오리엔탈리즘(Post-Orientalism)'으로 총칭하고자 한다. (전홍석, 2012, 227 참조)

2) 서양 문명은 유럽 문명과 아메리카 문명을 모두 가리키는 말이지만, 주로 서구 문명(Western Civilization)을 지칭하는 경우가 많다. 서구 문명은 서부 유럽을 지칭하는 단순한 지리적인 의미가 아니라, 유럽 문명의 바탕을 뜻하는 역사적이고 문화적인 공동체를 의미하는 개념이다. 서양 문명의 중심을 이루는 서구 문명은 동구 문명과 구별되고 고전 문명과도 구별된다. 비록 서구 문명의 르네상스를 통해 고전 문명으로 복귀했지만, 단순한 승계나 재생이 아니라 근대적으로 적용된 새로운 서양 문명을 뜻한다. 서구 문명은 중세 때는 서구 기독교 문명권(Western Christendom)으로 지칭되었다. 현대에 와서 서구 문명은 구미 문명(Euroamerican Civilization) 혹은 대서양 문명(Atlantic Civilization)으로 불리기도 한다. (임희완, 2008, 20 참조)

3) 저명한 신학자이자 철학자인 코플스톤(F. C. Copleston)은 중세 철학을 12세기까지와 12세기를 포함하는 '예비적 단계', 13세기의 '구성적 종합 단계', 14세기의 '파괴적 비판 단계'로 분류한다. (F. 코플스톤, 2003, 28 참조)

4) 이 용어는 미셸 푸코(Michel Foucault)의 저작 『성의 역사(Historie de la Sexualité)』에서 유래한다. 푸코는 고대 그리스나 로마에는 존재하지 않은 기독교가 로마 세계에 전래된 이후 중세기에 서서히 확립된 새로운 권력의 메커니즘으로서 '목자·사제제' 또는 '목자·사제형' 권력이라는 개념을 제창했다. 특히 프로테스탄티즘을 서구

근대 성립의 유력한 동인으로 본 막스 베버와는 달리 가톨릭의 목
자·사제형 권력을 통한 근대적 개인의 형성에 주목했다. 구체적으
로는 기독교 사회에서 목자·양치기의 역할을 수행하는 가톨릭 사
제에 대한 신도·양떼의 고해, 그리고 여기에 호응하는 형태로서 사
제에 의한 혼·양심의 교도를 메커니즘의 가장 기본적인 형태로 보
았다. (미조구찌 유조 외, 2001, 161~163 참조)

5) 특히 루터는 가톨릭이 강제한 '교회'를 매개로 하는 집단 구원의 관
행을 부정하고, 인간은 누구나 대리자나 중개자 없이도 개별적인
믿음과 성서를 통해 직접적으로 구원받을 수 있다고 선언했다. 이
는 천년을 지탱해온 봉건 사회의 기반인 가톨릭 교회의 지배 체제
를 무너뜨리고, 유럽의 근대적 민족 국가의 출현을 가능하게 했다.

6) 『禮記』, 「禮運」, "聖人耐以天下爲一家, 以中國爲一人者."

7) 형상학 연구방법은 본래 비교문학의 한 연구영역에서 출발했다. 그
러나 그 적용범위는 매우 광범위하고, 현재는 여러 학문 분야에서
채용되고 있다. 형상학은 1980년대 후반기 유럽, 특히 프랑스, 독
일에서 중시되어 빠르게 발전했지만 아직 국내에서는 생소한 감
이 있다. 프랑스에서는 파조(Daniel-Henri Pageaux), 모우라(Jean-
Marc Moura), 독일에서는 후고 뒤제링크(Hugo Dyserink), 일본
에서는 히라카와 스케히로(平川祐弘), 츠루타 킨야(鶴田欣也), 그리
고 중국에서는 멍화(孟華)가 각각 대표적인 주창자들이다. 형상학
이란 기본적으로 특정한 저작물 속의 이국 형상에 대한 연구다. 한
형상의 확립은 단지 작가 개인의 충동에만 그치지 않고, 실제로 다
른 문화에 대한 문화의 언설에 해당한다. 우리는 오직 언설자의 모
체 문화의 넓은 배경 속에서만 그것이 창조해낸 형상의 진정한 원
인을 드러내 보일 수 있다. 또 '타자'의 형상이 어떻게 '사회 집단
의 상상물'이 되는지를 발견해낼 수 있다. 형상학적 입장에서 접근
해보면, 모든 형상은 자아와 타자, 본토와 이국의 관계에 대한 자각
의식에 근원을 둔다. 그런데 이 이원적 대립 개념은 자아가 타자를
주시하지만, 타자의 형상 역시 동시에 주시자, 언설자, 집필자인 이
자아의 형상에 전이됨을 의미한다.

8) 특히 볼프는 철학을 가능태의 과학으로 정의하고, 인간의 두 능력에 따라 철학을 존재론, 우주론, 합리적 심리학, 자연신학을 포괄하는 '이론철학'과 윤리학, 경제학, 정치학을 포괄하는 '실천철학'으로 나눈다. 그리고 합리적 철학으로 불리는 논리학은 이 두 철학에 대한 예비 학문이다. (황태연, 2011, 529~530 참조)

9) 사실 수학적 방법에 대한 볼프의 관심은 그의 교수자격시험 논문이자 처녀작인 「수학적 방법에 의해 작성된 보편실천철학(Philosophia practica universalis, mathematica methodo conscripta)」이라는 제목에 잘 드러나 있다.

10) 프랑케는 지성의 희생을 용납지 않는 라이프니츠의 계몽주의적 신앙과 상반되게 이론상의 학문적인 지식과 살아 있는 믿음인 경건의 구별을 명확히 했다. 예컨대 신학연구의 방법에서도 프랑케는 외형적인 학문의 껍질과 본질적인 알맹이인 기독교의 유익한 지식을 구분했고, 지식과 양심, 단어와 능력 혹은 역사적인 것과 영적인 것을 구분했다. (카터 린드버그, 2009, 230 참조)

11) 이 책의 서문에는 「중국 입법자의 도덕·정치·철학의 고찰」 1편이 실려 있고, 본문은 8장으로 구성되어 중국의 도덕 및 정치 철학의 기원과 성질, 실시 방법, 정부 조직, 중국인의 성격과 정치 도덕의 관계, 국력과 도덕의 관계, 중국인의 평화와 행복에 대한 이상을 서술하고 있다. 마지막으로는 정권 안정과 정치 도덕의 관계를 언급하고 있다. 역자 자신의 이해를 위주로 하면서도 중국의 고주(古註)를 참조해 충실히 번역했다. (주겸지, 2010, 85 참조)

12) 이 책은 크게 세 부분으로 되어 있다. 첫째는 중국철학의 형이상학적 개념들을, 둘째는 중국에서의 제사와 같은 전례를, 셋째는 중국 윤리 전반을 다루고 있다.

13) 그러나 루터 신학은 어떤 면에서는 인문주의 사조와 비교할 수 없을 정도로 중세 가톨릭 통치 양식에 큰 타격을 가했다. 루터는 신에 대한 비이성적인 마음의 경건성을 확장해 구교 교황의 신권 통치를 부정했다. 교황의 권력은 현세·인위·이성적 산물이기 때문에 교회의 법은 신의 율법과 동등할 수 없다. 세속적인 로마 교황

청은 신을 대신해서 인간의 신앙을 관리하고 인간의 행위를 규제할 권한을 갖지 못한다. 그리고 신앙은 어용적 이성이나 외재적 권위에 제약을 받지 않는다. 신앙은 오로지 개개인 마음의 경건한 체험 영역에 속하며, 완전히 개인적이고 자유적인 것이다. 이렇게 새롭게 발견된 루터의 신교는 믿음-지상주의, 만인사제주의, 성서 지상주의를 신학의 3대 핵심 원칙으로 해 중세 가톨릭의 전통과는 다른 근대적인 새로운 종교 개념의 탄생을 선언했다.

14) 이 억압 오리엔탈리즘은 역설적이게도 정작 랑에 자신은 중국인이 무신론자임을 부정했음에도 불구하고 계몽주의자들에 의해 계몽정신의 선양을 목적으로 더욱 광범위하게 고착화되었다. 볼테르(Voltaire)의 시각이 대표적인 경우로, 그는 종교주의 대 계몽주의라는 구도 속에서 "중국에 가본 적이 없는 몇몇 유럽 작가들은 베이징 정부를 무신론자라고 단언했다. 볼프는 베이징의 철학자들을 찬양했다. 따라서 볼프는 무신론자다. 시기와 증오가 이보다 더 좋은 삼단논법을 만들어본 적은 없을 것이다. 한 당파와 옹호자의 지지를 받은 랑에의 이 논증은 그 나라의 왕을 설득시켰다(Voltaire, 'China', in: *Philosophical Dictionary*, in two volumes, London: W. Dugdale, 1843)."고 했다.

15) 경건주의자들은 볼프를 인간의 자유와 신적인 섭리의 적으로 선언했다. 볼프의 기계론적 세계관은 인간을 절대적인 필연성 속에 지배되는 존재로 만들며, 필연 속에 있는 세계가 영원한 것으로 보기 때문에 신적인 창조의 기원과 창조 행위를 부정하는 결과를 초래한다고 비판했다.

16) 유럽 학계는 볼프를 비난하는 쪽과 지지하는 쪽으로 갈라져 논쟁을 계속했다. 이 문제와 관련해 저술된 책만도 거의 200여 종에 달했다. 그 중 130종은 볼프에 반대했고, 90종은 그에게 찬성하는 입장이었다. 튀빙겐 대학과 예나 대학 신학부에서는 할레 대학의 신학자들 편에 서서 그의 철학을 반대하고 나섰다. 스웨덴의 왕실 학회와 스웨덴 왕 프레드릭 1세, 그리고 러시아의 표트르 대제는 그를 지지했다. 라이든 대학과 볼로냐 대학에서도 그의 편을 들었

다. (안종수, 2007, 53~54; 주겸지, 2010, 288~289 참조)

17) 『大學』, 「經文」1章, "古之欲明明德於天下者, 先治其國, 欲治其國者, 先齊其家, 欲齊其家者, 先修其身, 欲修其身者, 先正其心, 欲正其心者, 先誠其意, 欲誠其意者, 先致其知, 致知在格物."

18) 『大學』, 「經文」1章, "大學之道, 在明明德, 在親民, 在止於至善."; 『大學』, 「傳文」2章, "湯之盤銘曰, 苟日新, 日日新, 又日新."

19) 덕성의 동기에 대한 중국인과 서양인의 이러한 차이에도 불구하고 볼프는 자연성에 기초해 획득된 유교의 지혜나 신의 은총에 기초해 획득된 기독교의 지혜는 도덕 원리에서는 궁극적으로 상충되지 않는다고 했다.

20) '관방학'이란 16세기 중엽에서 18세기 말까지의 절대주의 국가 시대에 독일과 오스트리아에서 발달한 행정사상을 말한다. 이는 일반적으로 정치상 절대 군주의 통치학 내지는 경제상 독일판 중상주의로 이해된다. 당시 유럽의 국가들은 저마다 절대적 전제군주제가 형성되고, 한창 경제력이 급성장하는 중상주의 시대를 구가했다. 그러나 프로이센은 중세적 도시의 경제 수준을 벗어나지 못한 채 여전히 후진국에 머물러 있었다. 더욱이 영국, 프랑스와 비교해 볼 때 절대군주국가로서의 발전이 느렸고, 중상주의 정책 집행을 위해 필요한 경제·사회적 기반도 부족한 실정이었다. 이러한 상황을 직시한 독일의 일부 학자들은 절대군주제와 중상주의를 도입할 것을 주장했다. '관방학'은 바로 그 산물이라고 할 수 있다.

21) 상당수의 연구자들은 공맹과 사마천의 양민론에 담긴 '무위시장' 철학이 프랑스의 케네(François Quesnay), 영국의 흄(David Hume)과 애덤 스미스(Adam Smith), 스위스의 할러(Albrecht von Haller) 등에게 전해져 근대적 자유시장 경제학을 낳았다고 주장한다. 케네와 프랑스 중농주의자들의 농본주의적 '자유방임(laisser-faire) 시장론'과 애덤 스미스의 '산업중심 자유시장론'이 모두 공맹과 사마천의 '무위시장' 이념의 유럽 버전이라는 것이다. (황태연, 2012, 362~395 참조)

22) 『論語』, 「子路」, "子適衛, 冉有僕. 子曰, 庶矣哉! 冉有曰, 旣庶矣, 又何加焉? 曰, 富之. 曰, 旣富矣, 又何加焉? 曰, 敎之."; 『論語』, 「雍也」, "子貢曰, 如有博施於民而能濟衆, 何如? 可謂仁乎? 子曰, 何事於仁, 必也聖乎! 堯舜其猶病諸."

23) 『禮記』, 「禮運」, "大道之行也, 天下爲公. 選賢與能, 講信修睦. 故人不獨親其親, 不獨子其子, 使老有所終, 壯有所用, 幼有所長, 矜鰥寡孤獨廢疾者皆有所養. 男有分, 女有歸. 貨惡其棄於地也, 不必藏於己. 力惡其不出於身也, 不必爲己. 是故謀閉而不興, 盜竊亂賊而不作, 故外戶而不閉, 是謂大同."

24) 『禮記』, 「禮運」, "今大道旣隱, 天下爲家, 各親其親, 各子其子, 貨力爲己. 大人世及以爲禮, 城郭溝池以爲固, 禮義以爲紀, 以正君臣, 以篤父子, 以睦兄弟, 以和夫婦, 以設制度, 以立田里, 以賢勇知, 以功爲己. 故謀用是作而兵由此起, 禹湯文武成王周公由此其選也. 此六君子者, 未有不謹於禮者也, 以著其義, 以考其信, 著有過, 刑仁講讓, 示民有常. 如有不由此者, 在勢者去, 衆以爲殃, 是謂小康."

25) 주공은 '종법 인륜'으로 일컬어지는 정치, 경제, 도덕, 종교, 습속 등을 모두 포괄하는 전체적인 문화 체계와 국가 제도를 창안해냈다. 이 제도는 가천하의 통치 질서를 공고히 하는 새로운 형태의 종법적 인륜 형식이다. 이를테면 적장자 제도를 통해 통치를 혈통 대대로 계승하는 세계(世系)를 수립하고, 대종(大宗)과 소종(小宗)이라는 지배와 종속의 관계를 구분했다. 또 각 계층의 통치 권력 분배를 규정하고, 군주와 신하의 상하 간 명분과 등급 제도를 확립했다.

26) 볼프 역시 중국 태교의 합리성을 논증하던 중에 유교 텍스트인 『예기』의 중요성을 언급한 바 있다. 그러나 이에 대한 그의 직접적 지식은 공자의 대동 사회에 관한 내용을 담고 있는 여러 유교 번역서들의 영향일 것이다. (Christian Wolff, 1992, 「The Practical Philosophy of the Chinese」, 181 참조)

27) 이 책은 서술 체계에서 공자의 부민과 교민, 또는 맹자 인정론의 양민·교민·사법정의 반전 사상과 순서를 거의 그대로 따르고 있

다. 서양에서 '폴리차이(Policey=Polizei)'라는 말은 아주 오래되었지만, 그 내용은 공맹의 양민·교민론으로 치환되어 스미스의 『국부론』과 더불어 계몽주의의 최대 사상적 성과 중 하나인 양호학, 즉 사회복지학이 탄생한 것이다. (황태연, 2012, 384 참조)

28) 이 저서는 중국의 정치철학과 정부 제도를 가장 체계적으로 논한 것으로 평가된다. 구성은 군주제, 군주제의 정부기구, 군주의 화려함·사치·낭비, 사법 행정, 군대, 공무원, 왕자의 교육 등을 테마로 모두 22장으로 이루어져 있다. 각 장은 비유럽 국가들, 특히 중국의 정치제도와 관행을 길게 설명하고, 여기에 유럽의 불완전한 제도를 대비시키는 방식으로 기술되어 있다. 이 책의 집필의도는 서문에서 밝힌 바와 같이 "국민들과 유럽 국가의 일반적 행복에 대한 관심을 각성시켜" 서양에서 개혁의 정신을 점화시키는 것이었다. 요컨대 유스티는 중국의 정치철학과 제도로부터 강력한 영향을 받음과 동시에 그 속에서 시대를 초월한 정치적 지혜의 원리들을 확증했다. (Johanna M. Menzel, 1956, 303~304·310 참조)

29) 스토아학파는 감각이나 욕망 대신 이성이 인간 정신을 지배해야 한다고 주장했다. 그들에게서 이성이란 인간의 본성임과 동시에 신과 세계의 본성이기도 했다. 우주에는 만물을 지배하는 보편적인 이성이 있듯이 인간 개개인의 본성에도 이성이 존재한다. 인간이 우주적 인과 관계와 자연법칙을 깨닫게 되면 인간의 이성은 보편적인 이성과 하나가 되어 어떤 상황에서도 동요하지 않는 정신 상태를 갖게 된다. 이 경지는 감정이 억제되어 모든 욕구나 고통을 이겨내는 아파테이아(apatheia)를 말한다. 스토아학파의 이성론은 근대의 자연법사상에 이론적 기초를 제공했다.

30) 량수밍은 중국적 시각에서 '이지'와 '이성'을 다음과 같이 구분한다. "대체로 이지는 반드시 목적한 바가 없는 냉정한 상태에서 발달해야 그 쓰임을 다할 수 있고, 이로부터 기약 없이 비사적인 감정(Impersonal feeling)을 발하는 것이 바로 '이성'이다. 이성과 이지는 마음 작용의 양면이라고 할 수 있다. 지(知)의 측면이 이지라고 한다면 정(情)의 측면은 이성이다. 이 양자는 본래 긴밀하게 연

결되어 있어 분리되지 않는다. 예를 들어, 숫자를 계산할 때 계산하는 마음이 이지이고, 그 정확성을 추구하는 마음은 이성이다."(梁漱溟, 2007, 111) 또 멍페이위안(蒙培元)은 서양적 이성인 '이지'를 다음과 같이 설명한다. "이지 능력은 수학과 논리학에서 두드러지게 표현된다. 예컨대 수학의 원리와 증명, 논리학 개념의 분석과 추리, 또 이 능력을 철학 사변에서 운용하는 것이 이성이다. 그러나 서양철학의 발전에 있어 이성은 사변 이성에서 인지 이성으로, 더 나아가 도구 이성으로 변해 현재는 지능, 즉 단순한 인식 능력으로 일컬어진다. 이 전통은 줄곧 현대까지 이어져 현대 사회의 현대성을 토론할 때 이성을 현대성의 중요한 지표로 삼는다."(蒙培元, 2002, 17 참조)

31) 『書經』, 「虞書·堯典」, "克明俊德, 以親九族, 九族旣睦, 平章百姓, 百姓昭明, 協和萬邦, 黎民於變時雍."

32) 『老子』, 38章, "夫禮者, 忠信之薄, 而亂之首."; 『老子』, 77章, "天之道, 損有餘而補不足, 人之道則不然, 損不足以奉有餘."

33) 『中庸』, 20章, "仁者人也, 親親爲大, 義者宜也, 尊賢爲大, 親親之殺, 尊賢之等, 禮所生也."

34) 『孟子』, 「公孫丑上」, "孟子曰, 人皆有不忍人之心. 先王有不忍人之心, 斯有不忍人之政矣. 以不忍人之心, 行不忍人之政, 治天下可運之掌上. 所以謂人皆有不忍人之心者, 今人乍見孺子將入於井, 皆有怵惕惻隱之心, 非所以內交於孺子之父母也, 非所以要譽於鄕黨朋友也, 非惡其聲而然也. …… 惻隱之心, 仁之端也. 羞惡之心, 義之端也. 辭讓之心, 禮之端也. 是非之心, 智之端也. …… 凡有四端於我者, 知皆擴而充之矣, 若火之始然, 泉之始達, 苟能充之, 足以保四海, 苟不充之, 不足以事父母."

35) 『禮記』, 「禮運」, "何謂人義? 父慈子孝, 兄良弟弟, 夫義婦聽, 長惠幼順, 君仁臣忠, 十者謂之人義."

36) 심지어 볼프는 1750년(70세)에 이르러 그의 사상 세계 안에서 공자철학이 그리스철학을 밀어내는 더욱 현격한 변화를 보인다. 황태연의 분석에 따르면, 그것은 "종심의 볼프가 플라톤으로부터 유래하는 서양의 지성주의 철학과 공자의 덕성주의 철학 간의 근

본적 차이를 마침내 예감하기 때문이다. 볼프는 『도덕철학 또는 윤리학(philosophia moralis sive Ethica)』에서 일단 공자를 '덕성을 위한 감정'의 진귀한 모범 사례로 소개한다. 중국에는 이를 위한 최선의 조건이 존재했다는 것이다. 왜냐하면 이 제국은 언제나 '학식'보다 '덕성'을 우선시하기 때문이다. 중국에서는 철학자가 덕성을 더 많이 구현하면 구현할수록 더 의미 있는 인물로 간주되는 것이다. 그러나 중국에서 '덕성에 대한 사랑(Liebe zur Tugend)'을 크게 치는 만큼 서구에서는 '지식에 대한 사랑(Liebe zur Wissenschaft)'을 크게 친다는 것이다." (황태연, 2011, 574 참조)

참고문헌

단행본

김충열, 『김충열 교수의 중국철학사 1 – 중국철학의 원류』, 예문서원, 2006.

박상환, 『라이프니츠와 동양사상: 비교철학을 통한 공존의 길』, 미크로, 2005.

이진우, 『포스트모더니즘의 철학적 이해』, 서광사, 1993.

이영림·주경철·최갑수, 『근대 유럽의 형성: 16~18세기』, 까치, 2011.

임희완, 『서양문명의 정체성: 헤브라이즘과 헬레니즘의 만남』, 그리심, 2008.

전홍석, 『문명 담론을 말하다: 현대 '문명학' 정립을 위한 시론』, 푸른역사, 2012.

정진농, 살림지식총서15 『오리엔탈리즘의 역사』, 살림, 2004.

최영진, 『유교사상의 본질과 현재성』, 성균관대학교 출판부, 2003.

황태연, 『공자와 세계 2 : 패치워크문명 시대의 공맹 정치철학』 제1권 공자의 지식철학(중), 청계, 2011.

역서

데이비드 문젤로, 김성규 옮김, 『동양과 서양의 위대한 만남 1500~1800: 대항해 시대 중국과 유럽은 어떻게 소통했을까』, 휴머니스트, 2009.

미조구찌 유조 외, 동국대 동양사연구실 옮김, 『중국의 예치 시스템: 주희에서 등소평까지』, 청계출판사, 2001.

버트런드 러셀, 서상복 옮김, 『러셀 서양철학사』, (주)을유문화사, 2009.

샤오메이 천, 정진배·김정아 옮김, 『옥시덴탈리즘』, 도서출판 강, 2001.

양적, 정병석 옮김, 『인류와 자유: 중국과 서양 인간관의 충돌과 전도』, 소강, 1999.

에드워드 사이드, 박홍규 옮김, 『오리엔탈리즘』, 교보문고, 1998.

요한네스 힐쉬베르거, 강성위 옮김, 『서양철학사(하권): 근세와 현대』, 이문출판사, 2008.

이나가끼 뇨수께, 박영도 옮김, 『신앙과 이성』, 서광사, 1980.

조셉 니담, 이석호·이철주·임정대 옮김, 『중국의 과학과 문명 Ⅲ』, 을유문화사, 1998.

존M. 홉슨, 정경옥 옮김, 『서구 문명은 동양에서 시작되었다』, 에코리브르, 2005.

주겸지, 전홍석 옮김, 『중국이 만든 유럽의 근대: 근대 유럽의 중국문화 열풍』, 청계, 2010.

진래, 안재호 옮김, 『송명 성리학』, 예문서원, 2006.

카터 린드버그, 이은재 옮김, 『경건주의 신학과 신학자들』, 기독교문서선교회, 2009.

줄리아 칭, 임찬순·최효선 옮김, 『유교와 기독교: 동서 문화의 비교 연구』, 서광사, 1993.

J. J. 클라크, 장세룡 옮김, 『동양은 어떻게 서양을 계몽했는가』, 우물이 있는 집, 2004.

F. 코플스톤, 박영도 옮김, 『중세철학사』, 서광사, 2003.

G.W.F. 헤겔, 임석진 옮김, 『법철학』, 한길사, 2010.

원서

『經書: 大學, 論語, 孟子, 中庸』, 大東文化研究院 編, 成均館大學校出版部, 1993.

『書經』, 大東文化研究院 編, 成均館大學校出版部, 1984.

『禮記』, 大東文化研究院 編, 成均館大學校出版部, 1985.

沙少海·徐子宏 譯注, 『老子全譯』, 貴州人民出版社, 1995.

唐君毅, 『人文精神之重建(一)』, 廣西師範大學出版社, 2005.

唐君毅, 『中國人文精神之發展』, 廣西師範大學出版社, 2005.

樓宇烈·張西平 主編, 『中外哲學交流史』, 湖南教育出版社, 1999.

李澤厚, 『中國古代思想史論』, 人民出版社, 1986.

梁漱溟, 『中國文化要義』, 世紀出版集團 上海人民出版社, 2007.

蒙培元, 『情感與理性』, 中國社會科學出版社, 2002.

成中英, 『知識與價值: 和諧, 眞理與正義之探索』, 聯經出版事業公司, 1986(中華民國75年).

張立文, 『宋明理學研究』, 中國人民大學出版社, 1987.

張西平, 『歐洲早期漢學史: 中西文化交流與西方漢學的興起』, 中華書局, 2009.

秦家懿 編著, 『德國哲學家論中國』, 聯經出版事業公司, 1999.

陳來, 『古代宗教與倫理: 儒家思想的根源』, 生活·讀書·新知 三聯書店, 1996.

田薇, 『信仰與理性: 中世紀基督教文化的興衰』, 河北大學出版社, 2001.

朱謙之, 『朱謙之文集』第7卷, 「比較文化論集: 中國文化之本質, 體系及其發展」, 福建教育出版社, 2002.

彭林, 『中國古代禮儀文明』, 中華書局, 2005.

五來欣造, 『儒教の獨逸政治思想に及ばせる影響』, 早稻田大學出版部, 1929(昭和4年).

Versluis, Arthur, *American Transcendentalism and Asian Religions,* New York and Oxford: Oxford University Press, 1993.

Voltaire, 'China', in: *Philosophical Dictionary*, in two volumes, London: W. Dugdale, 1843.

논문

김수배, 「칸트철학의 선구자 볼프」, 『칸트 연구 제5집: 칸트와 그의 시대』(한국칸트학회), 철학과현실사, 1999.

김수배, 「볼프와 칸트의 철학적 방법론: 볼프의 처녀작에서 칸트의 교수취임논문까지」, 『철학연구』 제53집, 철학연구회, 2001.

안종수, 「볼프의 실천철학과 中國儒學」, 『人文科學』 제65집, 연세대학교 인문과학연구소, 1991.

안종수, 「유학과 독일철학」, 『동서사상의 만남』(장기수 외), 동과서, 2007.

이은정, 「크리스티안 볼프, 중국 그리고 유교」, 『담론201』 11권 1호, 한국사회역사학회, 2008.

이성덕, 「독일 경건주의와 초기 계몽주의: 할레 대학의 '볼프 사건'과 관련하여」, 『역사신학논총』 16집, 한국복음주의역사신학회, 2008.

장용수, 「동서양 교류의 역사와 새로운 유럽의 형성」, 『동서사상의 만남』(장기수 외), 동과서, 2007.

황태연, 「서구 자유시장론과 복지국가론에 대한 공맹과 사마천의 무위시장 이념과 양민철학의 영향: 공자주의 경제·복지철학의 보편성과 미래적 함의에 관한 비교철학적 탐색」, 『정신문화연구』 제35권 제2호(통권 제127호), 한국학중앙연구원, 2012년 여름호.

Christian Wolff, "The Practical Philosophy of the Chinese", *Moral Enlightenment: Leibniz and Wolff on China*, Translated and edited by Julia Ching and Willard G. Oxtoby. Monumenta Serica Monograph Series 26. Nettetal, Germany: Steyler Verlag, 1992.

Christian Wolff, "On the Philosopher King and the Ruling Philosopher", *Moral Enlightenment: Leibniz and Wolff on China,* Translated and edited by Julia Ching and Willard G. Oxtoby. Monumenta Serica Monograph Series 26. Nettetal, Germany: Steyler Verlag, 1992.

Larrimore, M., "Orientalism and Antivoluntarism in the History of

Ethics: On Christian Wolff's", *The Journal of religious ethics*, v.28 no.2, 2000.

Lach, Donald F., "The Sinophilism of Christian Wolff(1679~1754)", *Journal of the History of Ideas*, Vol.14, No.4, Oct., 1953.

Michael Albrecht, "Einleitung", pp.LXXXVI~LXXXIX(passim), Christian Wolff, *Rede über die praktischen Philosophie der Chinesen*, Hamburg: Felix Meiner Verlag, 1985.

Menzel, Johanna M., "The Sinophilism of J. H. G. Justi", in: *Journal of the History of Ideas*, Vol.17, No.3, June, 1956.

Schaub, Uta Liebmann, "Foucault's Oriental Subtext", *PMLA: Publications of the Modern Language Association of America*, Vol.104, No.3, May 1989.

볼프의 중국 형상과 오리엔탈리즘의 재구성
독일 계몽주의의 유학적 기초

펴낸날	**초판 1쇄 2014년 3월 14일**

지은이	**전홍석**
펴낸이	**심만수**
펴낸곳	**(주)살림출판사**
출판등록	**1989년 11월 1일 제9-210호**

주소	**경기도 파주시 광인사길 30**
전화	**031-955-1350** 팩스 **031-624-1356**
기획·편집	**031-955-4662**
홈페이지	**http://www.sallimbooks.com**
이메일	**book@sallimbooks.com**

ISBN	**978-89-522-2841-3 04080**

※ 값은 뒤표지에 있습니다.
※ 잘못 만들어진 책은 구입하신 서점에서 바꾸어 드립니다.

이 도서의 국립중앙도서관 출판시도서목록(CIP)은 서지정보유통지원시스템 홈페이지
(http://seoji.nl.go.kr)와 국가자료공동목록시스템(http://www.nl.go.kr/kolisnet)에서
이용하실 수 있습니다.(CIP제어번호: CIP2014007336)

책임편집	**최진**

026 미셸 푸코　　eBook

양운덕(고려대 철학연구소 연구교수)

더 이상 우리에게 낯설지 않지만, 그렇다고 손쉽게 다가가기엔 부담스러운 푸코라는 철학자를 '권력'이라는 열쇠를 가지고 우리에게 열어 보여 주는 책. 권력은 어떻게 작용하는가에서 논의를 시작하여 관계망 속에서의 권력과 창조적·생산적·긍정적인 힘으로서의 권력을 이야기해 준다.

027 포스트모더니즘에 대한 성찰　　eBook

신승환(가톨릭대 철학과 교수)

포스트모더니즘의 역사와 논의를 차분히 성찰하고, 더 나아가 서구의 근대를 수용하고 변용시킨 우리의 탈근대가 어떠한 맥락에서 이해되는지를 밝힌 책. 저자는 오늘날 포스트모더니즘으로 대변되는 탈근대적 문화와 철학운동은 보편주의와 중심주의, 전체주의와 이성 중심주의에 대한 거부이며, 지금은 이 유행성의 뿌리를 성찰해 볼 때라고 주장한다.

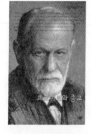

202 프로이트와 종교　　eBook

권수영(연세대 기독상담센터 소장)

프로이트는 20세기를 대표할 만한 사상가이지만, 여전히 적지 않은 논란과 의심의 눈초리를 받고 있다. 게다가 신에 대한 믿음을 빼앗아버렸다며 종교인들은 프로이트를 용서하지 않을 기세이다. 기독교 신학자인 저자는 이 책을 통해 종교인들에게 프로이트가 여전히 유효하며, 그를 통하여 신앙이 더 건강해질 수 있다는 점을 보여 주려 한다.

427 시대의 지성 노암 촘스키　　eBook

임기대(배재대 연구교수)

저자는 노암 촘스키를 평가함에 있어 언어학자와 진보 지식인 중 어느 한 쪽의 면모만을 따로 떼어 이야기하는 것은 불합리하다고 말한다. 이 책에서는 촘스키의 가장 핵심적인 언어이론과 그의 정치비평 중 주목할 만한 대목들이 함께 논의된다. 저자는 촘스키 이론과 사상의 본질에 다가가기 위한 이러한 시도가 나아가 서구 사상을 받아들이는 우리의 자세와도 연결된다고 믿고 있다.

024 이 땅에서 우리말로 철학하기

이기상(한국외대 철학과 교수)

우리말을 가지고 우리의 사유를 펼치고 있는 이기상 교수의 새로운 사유 제안서. 일상과 학문, 실천과 이론이 분리되어 있는 '궁핍의 시대'에 사는 우리에게 생활세계를 서양학문의 식민지화로부터 해방시키고, 서양이론의 중독으로부터 벗어나야 한다고 역설한다. 저자는 인간 중심에서 생명 중심으로의 변화와 관계론적인 세계관을 담고 있는 '사이 존재'를 제안한다.

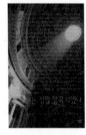

025 중세는 정말 암흑기였나　eBook

이경재(백석대 기독교철학과 교수)

중세에 대한 친절한 입문서. 신과 인간에 대한 중세인의 의식을 다루고 있는 이 책은 어떻게 중세가 암흑시대라는 일반적인 인식을 가지게 되었는지에 대한 물음을 추적한다. 중세는 비합리적인 세계인가, 중세인의 신앙과 이성은 어떠한 관계를 갖고 있는가 등에 대한 논의를 하고 있다.

065 중국적 사유의 원형　eBook

박정근(한국외대 철학과 교수)

중국 사상의 두 뿌리인 『주역』과 『중용』을 철학적 관점에서 접근한다. '산다는 것은 무엇인가?'라는 근원적 질문으로부터 자생한 큰 흐름이 유가와 도가인데, 이 두 사유의 흐름을 거슬러 올라가다 보면 그 둘이 하나로 합쳐지는 원류를 만나게 된다. 저자는 『주역』과 『중용』에 담겨 있는 지혜야말로 중국인의 사유세계를 지배하는 원류라고 말한다.

076 피에르 부르디외와 한국사회　eBook

홍성민(동아대 정치외교학과 교수)

부르디외의 삶과 저작들을 통해 그의 사상을 쉽게 소개해 주고 이를 통해 한국사회의 변화를 호소하는 책. 저자는 부르디외가 인간의 행동이 엄격한 합리성과 계산을 근거로 행해지기보다는 일정한 기억과 습관, 그리고 사회적 전통에 영향을 받는다는 사실로부터 시작한다는 점을 강조한다.

096 철학으로 보는 문화 `eBook`

신응철(숭실대 인문과학연구소 연구교수)

문화와 문화철학 연구에 관심 있는 사람을 위한 길라잡이로 구상된 책. 비교적 최근에 분과학문으로 등장하기 시작한 문화철학의 논의에 반드시 들어가야 할 요소를 선택하여 제시하고, 그 핵심 내용을 제공한다. 칸트, 카시러, 반 퍼슨, 에드워드 홀, 에드워드 사이드, 새무얼 헌팅턴, 수전 손택 등의 철학자들의 문화론이 소개된다.

097 장 폴 사르트르 `eBook`

변광배(프랑스인문학연구모임 '시지프' 대표)

'타자'는 현대 사상에 있어 가장 중요한 개념 중 하나이다. 근대가 '자아'에 주목했다면 현대, 즉 탈근대는 '자아'의 소멸 혹은 자아의 허구성을 발견함으로써 오히려 '타자'에 관심을 갖게 되었다. 그리고 타자이론의 중심에는 사르트르가 있다. 사르트르의 시선과 타자론을 중점적으로 소개한 책.

135 주역과 운명 `eBook`

심의용(숭실대 강사)

주역에 대한 해설을 통해 사람들의 우환과 근심, 삶과 운명에 대한 우리의 자세를 말해 주는 책. 저자는 난해한 철학적 분석이나 독해의 문제로 우리를 데리고 가는 것이 아니라 공자, 백이, 안연, 자로, 한신 등 중국의 여러 사상가들의 사례를 통해 우리네 삶을 반추하는 방식을 취한다.

450 희망이 된 인문학 `eBook`

김호연(한양대 기초·융합교육원 교수)

삶 속에서 배우는 앎이야말로 인간의 운명을 바꿀 수 있는 기회를 준다. 그래서 삶이 곧 앎이고, 앎이 곧 삶이 되는 공부를 하는 것이 무엇보다 중요하다. 저자는 인문학이야말로 앎과 삶이 결합된 공부를 도울 수 있고, 모든 이들이 이 공부를 할 수 있어야 한다고 믿는다. 특히 '관계와 소통'에 초점을 맞춘 인문학의 실용적 가치, '인문학교'를 통한 실제 실천사례가 눈길을 끈다.

eBook 표시가 되어있는 도서는 전자책으로 구매가 가능합니다.

㈜살림출판사

www.sallimbooks.com

주소 경기도 파주시 문발동 522-1 | 전화 031-955-1350 | 팩스 031-955-1355